L. POIVERT

# LES MARTYRS

# DES PONTONS

## (1794-1795)

PARIS — BONNE PRESSE

# LES MARTYRS DES PONTONS

# LES

# MARTYRS DES PONTONS

## (1794-1795)

PAR

## M. le Chanoine L. POIVERT,

*Vice-Postulateur de la Cause*

MAISON DE LA BONNE PRESSE

5, rue Bayard, Paris-8e

# DÉCLARATION DE L'AUTEUR

Conformément aux décrets d'Urbain VIII et de la Sacrée Congrégation des Rites, je déclare expressément que je ne prétends donner, à ce que j'ai exposé dans ces pages, d'autre foi et autorité que celles méritées par un témoignage humain véridique, et qu'en aucune façon je n'entends prévenir le jugement du Saint Siège Apostolique, dont je me dis le fils très obéissant.

# POURQUOI CE VOLUME ?

Les pages que l'on va lire ont pour but de retracer l'un des drames les plus sombres et les plus poignants de l'histoire.

Drame peu connu du grand public, parce que ceux qui ont intérêt à taire les crimes de la Révolution, pour en mieux exploiter les dangereuses utopies et les faux dogmes, ont fait sur cette œuvre de honte et de sang la conspiration du silence.

Drame tragique, où l'on voit aux prises ce qu'il y a de plus pur, de plus noble et de plus beau, avec ce qu'il y a de plus vil, de plus cruel et de plus abject; d'un côté, l'élite du clergé de France, subissant les pires tourments pour rester fidèle au Pape, à l'Église et à Dieu; de l'autre, une tourbe de scélérats, exécuteurs sans pitié des basses œuvres d'un parti politique qui a juré d'anéantir la religion en France.

Drame glorieux en même temps, puisqu'il a tourné, en définitive, au triomphe du bien et permis à l'Église d'ajouter quelques nouvelles pages, et des plus magnifiques, à l'histoire des persécutions qu'elle a dû subir, à travers les siècles, pour garder intact le dépôt de sa discipline et de sa foi.

Le récit en a été fait, de main de maître, par un historien scrupuleux et bien documenté, M. Jacques Hérissay, dans le volume paru en 1925, chez Perrin, sous ce titre : *Les Pontons de Rochefort.*

Nous n'entendons point refaire, en l'abrégeant, le livre de M. Hérissay, mais élever, à côté, un monument qui serve à la glorification des victimes.

Ces victimes, nous les appelons des « Martyrs », et nous cherchons à établir qu'ils le furent, en attendant que l'Église nous en donne l'assurance infaillible, en les plaçant, comme tels, au nombre des bienheureux.

C'est leur cause que nous venons plaider, après l'avoir étudiée à fond, devant l'opinion catholique, afin qu'en étant elle-même mieux instruite, elle nous aide à la gagner devant le suprême magistère qui décide en dernier ressort.

Ce livre constitue les prolégomènes du procès informatif diocésain qui va enfin pouvoir s'ouvrir à La Rochelle.

Car c'est le diocèse de La Rochelle qui a le très doux devoir et la très lourde charge d'entreprendre et de faire aboutir cette cause canonique, la plus belle du siècle avec celle des martyrs de septembre.

Nous savons, écrivait naguère le saint évêque de La Rochelle, M<sup>gr</sup> Eyssautier, quel trésor la Providence a confié à notre garde. Les ossements et la mémoire des prêtres déportés dans les eaux de la Charente-Inférieure par la Révolution constituent un patrimoine sacré, que se transmettent avec amour les évêques de La Rochelle. Cette élite héroïque du clergé français, illustrant et consacrant à jamais nos rivages, est venue de tous les points du territoire montrer ici comment, sous les pires persécuteurs, se perpétue, le long des siècles, la tradition léguée par les premiers chrétiens de souffrir et de mourir pour la foi, l'unité de l'Eglise et l'intégrité de la discipline. Partout où ils ont laissé quelque chose d'eux-mêmes, ne fût-ce qu'un souvenir, se portent notre admiration et notre pieux respect.

Pendant que, selon le mot recueilli par nous de la bouche du Pape X : *Studete*, nous continuerons d'étudier à fond ce passé, préparant, avec le suffrage et l'aide de nos vénérés collègues, une béatification qui, si Dieu nous en accordait la faveur, prendrait une portée nationale, ce livre réveillera les croyances, relèvera les courages, resserrera les liens des pasteurs et des fidèles, rattachera plus étroitement les âmes au Vicaire du Christ et au Christ lui-même.

Nous bénissons ceux qui le liront dans cet esprit et particulièrement ceux à qui cette lecture inspirerait l'idée de venir réciter le *Credo* sur les rivages témoins de ces souffrances et dépositaires de ces restes.

Il y eut deux déportations, qu'il importe de bien distinguer l'une de l'autre :

La *Déportation de l'an II*, sous la Convention (1793-1795). Elle se fit à la fois par Bordeaux et par Rochefort. C'est la moins connue et la plus intéressante. Elle est l'objet principal de cette étude. La *Déportation de Fructidor*, sous le Directoire (1797-1802). Elle comprend trois groupes : la Guyane, Saint-Martin-de-Ré et le Château d'Oléron. Nous n'en ferons qu'une rapide mention, pour marquer ce qui la différencie de la première.

# LA PERSECUTION

## Le Clergé et la Révolution.

Lorsque la Révolution commença, le clergé de France ne lui était nullement hostile. Il avait trop souffert des abus de l'ancien régime pour ne point souhaiter qu'on y mît ordre par des réformes justes et raisonnables. Jusqu'au vote de la loi impie du 12 juillet 1790, son attitude avait été plutôt favorable au nouvel état de choses qu'avait commencé d'instaurer l'Assemblée constituante.

Comment un mouvement qui avait débuté dans l'enthousiasme universel pour la cause de la liberté, de l'égalité et de la fraternité, a-t-il abouti à l'odieuse tyrannie du jacobinisme, aux massacres et à la déportation des prêtres?

La Révolution serait-elle, comme l'affirmait Joseph de Maistre, « satanique dans son essence », et le désir d'instaurer un nouvel ordre de choses sur la ruine d'abus trop certains cacherait-il un dessein plus profond, patiemment poursuivi, depuis la Réforme, par tous les tenants des doctrines philosophiques, calvinistes, jansénistes et gallicanes, celui de profiter des circonstances pour porter le dernier coup à l'éternel ennemi, le catholicisme romain ?

A cette question troublante, on peut et l'on doit répondre par un oui catégorique, maintenant que l'on tient le fil conducteur qui permet de suivre le déroulement logique des événements de 1789 à 1795.

La persécution religieuse, qui devint tout à coup aiguë en 1793-1794, n'a pas été un accident fortuit, une explosion spontanée, mais la conséquence logique d'un plan longuement mûri et savamment préparé. Elle a été la raison d'être de la Révolution. Les transformations politiques ne furent que l'accessoire et doivent rester au second plan. Ce que l'on se proposait, avant tout, c'est d'abattre l'Église et la monarchie française, parce que principal appui de l'Église.

Pendant un demi-siècle, les écrits des philosophes y disposèrent l'opinion publique. Montesquieu fut anticatholique à tendances protestantes. Voltaire voulait un christianisme discrédité et asservi, maintenu seulement pour le peuple. « Il faut au peuple de la religion et du foin... »

Ce fut lui qui donna le signal de l'assaut
contre l'Église en clamant à satiété, pendant vingt-cinq ans, son cri de guerre :
« Ecrasons l'infâme ! » Rousseau acceptait
un minimum de croyances : l'existence
de Dieu, l'immortalité de l'âme. Aussi,
la Révolution, qui procède de lui, sera
hostile aux athées et instaurera le culte
de l'Être suprême. Mais, en même temps,
il proclamait l'unique souveraineté du
peuple, la prévalence absolue de la loi
« expression de la volonté générale »,
l'omnipotence de l'État, hors duquel il
n'y a rien : ni individus, ni familles, ni
groupements religieux ou sociaux. Quiconque n'admet pas les doctrines du
*Contrat social* est considéré comme un
ennemi de la société, passible de la
déportation ou de la peine de mort.
D'où la devise révolutionnaire : « Liberté, Égalité, Fraternité, ou la mort ! »
Telles furent les doctrines de la Révolution. Elles furent répandues par une
vaste Société secrète, d'apparence phi-
lanthropique, la franc-maçonnerie. Bien
avant 1789, les Loges menaient sournoi-
sement la lutte contre la société monar-
chique et contre l'Église. Elles recrutèrent
leurs adeptes dans la noblesse et la bour-
geoisie d'abord, puis parmi le peuple,
à qui elles inspiraient la méfiance, le

mépris et la haine du clergé par une multitude de libelles anonymes.

C'est une erreur de croire que la Terreur date de 1793. Elle débuta le 13 juillet 1789, par le pillage de la maison de Saint-Lazare, où la chambre de saint Vincent de Paul fut saccagée, sa statue brisée, et la tête portée au bout d'une pique, comme un présage du sort réservé aux prêtres. Le fanatisme antireligieux ne cessa plus d'exciter les passions de la populace. Il n'y eut que des degrés dans la persécution.

Le plan des philosophes était : détruire le clergé comme ordre politique, lui enlever tous ses biens, supprimer les Ordres religieux et organiser le schisme.

Dans une adresse à l'Assemblée nationale (1790), le philosophe Naigeon écrivait : « L'intérêt général est que le prêtre soit avili. Pour avilir les prêtres, il faut les appauvrir. » La confiscation des biens du clergé fut donc un moyen d'arriver à la persécution. La vente d'un grand nombre d'églises et de chapelles, de vases sacrés et d'ornements sacerdotaux eut pour but et pour effet d'habituer les populations à voir renverser tout ce qui attestait la foi de leurs pères.

On rêvait d'une Église nationale et d'un sacerdoce simple fonction d'État.

« Le service des autels, disait Mirabeau,
est une fonction publique. La religion
appartient à tous. Il faut que ses ministres soient à la solde de la nation,
comme le magistrat qui juge au nom de
la loi, comme le soldat qui défend au
nom de tous la propriété commune. »
D'où la conséquence, tirée par Mirabeau lui-même, qu'il n'y a pas de juridiction spirituelle ; que l'Etat a le droit de
bouleverser toute l'Église, de supprimer
des diocèses et d'en créer d'autres. Dans
cet esprit, le Comité ecclésiastique, établi
le 20 août 1789, et renforcé de jansénistes le 7 février 1790, prépara *le schisme*.

L'organisation de la garde nationale,
la création des Sociétés populaires ou
Clubs, les élections des municipalités
et des juges, l'invasion de l'Assemblée
constituante par les pires éléments de la
population parisienne augmentèrent les
dangers qui menaçaient les prêtres. Les
luttes religieuses, les mesures de persécution occupèrent les deux années 1790-
1791.

## Le schisme organisé.

On commence par opérer la sécularisation des biens, en déclarant que
« tous les biens mobiliers et immobiliers,

revenus des bénéfices, etc., possédés jusque-là par le clergé font retour à la nation ». On continue par la sécularisation des personnes, en abolissant les vœux religieux. Enfin, le 12 juillet 1790, on décrète la *Constitution civile du clergé*, c'est-à-dire que, sans tenir compte de l'organisation de l'Église et de l'autorité du Souverain Pontife, on prétend constituer une Église sans chef, sans autorité, sans hiérarchie, une Église à caractère démocratique, dont les ministres seraient nommés par tous les citoyens, catholiques, protestants, juifs ou athées, et tiendraient du peuple seul, non plus de Dieu, leurs pouvoirs. « L'Église est dans l'État, disait Camus; nous sommes une Constituante, nous avons le pouvoir de changer la religion. » Le fougueux janséniste rappelait avec insistance qu'on reprenait seulement par là la coutume établie dans la primitive Église, oubliant qu'on ne saurait comparer les sentiments des premiers chrétiens avec ceux des électeurs de 1790.

Prétendre réorganiser l'Église catholique sans s'être entendu avec Rome était fou, presque autant que de vouloir empêcher la terre de tourner dans le sens qui lui est propre et l'obliger à se mouvoir en sens contraire.

Qu'une telle idée ait pu germer dans un cerveau humain, c'est déjà inouï. Qu'une Assemblée nationale en ait fait une loi organique du pays, c'est presque incroyable ; qu'on se soit ensuite, pendant dix ans, obstiné à vouloir appliquer de force, par la prison, l'exil et l'échafaud, une loi si manifestement absurde et impraticable, c'est une aberration que seule peut expliquer la rage satanique d'en finir avec le catholicisme.

La grande majorité des prêtres français refusa de prêter le serment qu'à cette occasion le gouvernement exigeait d'eux. Beaucoup, après l'avoir prêté, se rétractèrent.

En repoussant la *Constitution civile*, en refusant le *serment constitutionnel*, le clergé de France faisait acte de justice, de patriotisme et de bon sens. Il évitait à la religion et à la patrie les horreurs du schisme. Il se montrait meilleur gardien de l'unité nationale que les faiseurs de constitutions.

Champions intrépides de ces deux saintes causes, l'Église et la patrie, nos prêtres allaient en devenir les victimes et les martyrs.

On commença par les déclarer *réfractaires*, et les remplacer par d'autres que le bon sens populaire qualifia d'*intrus*.

A ceux-ci, recrutés dans la catégorie des prêtres ignorants, ambitieux ou tarés, la jouissance exclusive des églises, les faveurs du pouvoir et l'appui des pires ennemis de la religion. A ceux-là l'admiration, l'estime et la confiance des fidèles, qui ne veulent ni de la messe de l'intrus ni de ses sacrements.

Cette situation ne pouvait durer. L'impasse où l'on s'était follement engagé imposait cette alternative : ou rapporter une loi que l'expérience avait montrée impraticable, ou s'aventurer dans le chemin ouvert de la persécution violente.

Cette dernière solution prévalut, avec l'Assemblée législative, qui continuait, en l'aggravant, la Constituante.

# Les lois de proscription.

Trois décrets préparèrent l'extermination en masse du clergé, décidée dans les Loges :

Le décret du 29 novembre 1791 déclare « suspects de révolte » tous les prêtres qui ont refusé le serment et confère aux administrations départementales le droit de les interner. Savourez le libéralisme d'une législation qui, d'avance et sans avoir aucun acte délictueux à leur reprocher — puisque le refus du serment était considéré par la loi elle-même comme une renonciation libre aux avantages de la situation constitutionnelle et point comme un délit, — frappe de suspicion toute une catégorie de citoyens !

Le décret du 27 mai 1792 remplace *l'internement* par la *déportation*, au gré des administrations ou sur la dénonciation de *vingt* citoyens domiciliés dans le canton.

Enfin, le décret du 26 août 1792 subordonne la déportation contre les prêtres à la demande de *six* citoyens domiciliés dans le *département* et leur donne à tous *quinze jours* pour sortir de France.

Beaucoup de prêtres, se rappelant le conseil de l'Evangile : « Si l'on vous chasse d'un pays, réfugiez-vous dans un autre », s'acheminèrent, par les voies les plus rapides et comptant sur la sécurité promise, vers les frontières de Belgique, de Suisse, d'Italie et d'Espagne. Mais la liberté laissée aux proscrits de sortir de France dans un délai de quinze jours n'était qu'un piège pour les amener à se faire connaître, les entourer à tous les relais, ameuter contre eux la populace et les jeter en prison, en vue du massacre général concerté d'avance. On sait comment l'ordre de cette vaste tuerie fut donné, discrètement, par Danton, ministre de la Justice, à Paris et dans la France entière. Les massacres commencèrent, dans les prisons de la capitale, les premiers jours de septembre 1792. Ils se continuèrent, les jou s suivants, dan les provinces. C'est ainsi que la Révolution tenait ses engagements envers ses victimes !

Avec l'automne de 1792 l'exode des prêtres s'achève. Tous ceux qui ont pu, à travers mille difficultés et dangers, rejoindre la frontière, sont maintenant réfugiés à l'étranger. Par une singulière contradiction, la loi qui les a contraints à sortir du royaume les va, tout à l'heure, assimiler aux émigrés, ces exilés volontaires.

Il reste encore, néanmoins, en France, un certain nombre de prêtres insermentés, dont la présence demeure tolérée.

Ce sont les prêtres non fonctionnaires, c'est-à dire qui n'ont été investis d'aucun ministère paroissial ou d'enseignement public : religieux chassés de leurs couvents et vivant dans leurs familles, chanoines et chapelains. N'étant pas assujettis au serment, ils n'ont pas encore été inquiétés. Mais ils sont tenus à une extrême prudence, car la dénonciation

de six de leurs concitoyens suffit pour
les rendre déportables.

Il reste aussi des prê res fonctionnaires, directement atteints par la loi
du 26 août 1792  l ous ne sont pas partis.
D'abord, il y a les sexagénaires et les
infirmes, qui doivent, aux termes de la
loi, être réun s au chef-lieu du département, dans une maison commune (le
Séminaire ou un ancien couvent), sous
la surveillance de la municipalité. Mais
il y a aussi les prêtres valides et vail-
lants qui, sujets à la déportation, ont
préféré les périls de la patrie à la sécurité de l'exil. Ils n'ont pu se résoudre
à laisser les fidèles sans secours religieux.
Blottis dans quelque retraite écartée, ou
lissimulés sous des déguisements les plus
nvraisemblables, avec la complicité de
courageuses chrétiennes, admirables pour
dépister les recherches, ils vont, la nuit,
administrer les malades et célébrer clan-
destinement dans les maisons ou dans les
granges (1).

A tout prix, il faut faire cesser cette
résistance et glaner encore, parmi les
restes du clergé fidèle, quelques nouveaux proscrits. Au milieu de la lutte

----

(1) PIERRE DE LA GORCE, *Histoire religieuse de la
Révolution*, t. III.

acharnée que se livrent entre eux montagnards et girondins, la Convention n'oublie pas les prêtres réfractaires. Elle édicte contre eux, coup sur coup, trois lois (celles du 18 mars, du 23 avril, des 20 et 21 octobre 1793) justement qualifiées de *lois de mort*.

Seront punis de *mort dans les vingt-quatre heures* tous les ecclésiastiques déportables trouvés sur le territoire de la République ou dans les pays occupés par les armées de la République.

Quant aux ecclésiastiques non fonctionnaires, et donc non astreints au serment, qui n'ont pas été jugés jusqu'ici déportables, dix jours leur sont donnés pour se rendre auprès de l'administration de leur département, qui prendra les mesures nécessaires pour leur arrestation, embarquement et *déportation à la Guyane*.

On avait choisi la Guyane, de préférence à Madagascar, parce que le climat y était plus meurtrier. Les avis les plus extravagants avaient, du reste, été émis. Les plus humains proposaient qu'ils fussent tenus de porter, à la hauteur du sein droit, un écriteau les désignant comme prêtres réfractaires, ou bien qu'on les égarât sur les côtes d'Afrique ou d'Italie, avec des vivres.

Le boucher Legendre était d'avis qu'on les chargeât sur des maries-salopes, pour aller les immerger en pleine mer, idée dont s'emparera, pour la réaliser, le sinistre Carrier.

Non contente de décréter la déportation contre ceux-ci, la mort contre ceux-là, la loi prescrivait à tous les citoyens de dénoncer les susdits prêtres et punissait de la déportation quiconque leur aurait donné asile.

## La chasse aux prêtres.

En exécution de ces lois sanguinaires, la chasse aux prêtres commença. Elle était menée activement, dans chaque chef-lieu de canton, par les limiers du Comité de Salut public, qui se recrutait dans l'écume de la population. Il y avait une prime pour qui prenait un prêtre, comme il en existe une pour qui tue un loup. Errant d'asile en asile, dénoncés, poursuivis, parfois trahis, arrêtés de jour et de nuit, quelquefois relâchés, repris, attachés à la selle des cavaliers, liés derrière les charrettes, les malheureux sont conduits au district, où siège en permanence le tribunal révolutionnaire. Là, on leur pose deux ou trois questions, pour la forme, et selon qu'ils sont dans la catégorie des déportables ou des non déportables, c'est la mort immédiate ou la déportation à la Guyane. Les uns achèvent, les autres commencent leur long martyre.

Citons, parmi ces milliers d'arrestations, celle de M. Maillard, vicaire à Saint-Frambault-de-Lassay (Mayenne). Obligé de se réfugier chez son frère, il reste caché, pendant trois mois, dans une étable à porcs, où il devait se tenir constamment couché. Épuisé de souffrances, il demanda d'en être retiré. Mais ses jambes étaient comme paralysées. Son frère, redoutant les visites domiciliaires, le porta dans un champ de blé. Après plusieurs jours, un boulanger consentit à le cacher dans un grenier. Le proscrit voulut revenir dans sa famille; ses jambes étaient trop faibles, il tomba dans un fossé, fut pris, accablé d'outrages, condamné à la déportation et mourut à l'île Madame, le 21 octobre 1794.

D'autres, pour ne pas exposer à la prison, et même à la mort, les fidèles qui leur avaient donné asile, vinrent se livrer aux autorités révolutionnaires.

L'effet des *lois de mort* n'avait pas tardé à se faire sentir. Sans parler des

prêtres légalement mis à mort, après
un jugement sommaire, parce que trouvés
sur le territoire de la République, alors
qu'ils étaient « en état de déportation »,
parmi ceux que les nouveaux décrets
condamnaient à la déportation, et que
l'on commençait à diriger vers Bordeaux,
Brest ou Lorient, il y en eut un certain
nombre de massacrés. On vit se renouveler les mêmes scènes de barbarie
qu'en septembre 1792. Ainsi périrent
les six prêtres vendéens massacrés à
La Rochelle, les 21-22 mars 1793, dans
les circonstances les plus horrifiantes.
Ainsi périrent également cinq prêtres
de l Hérault, massacrés par la foule,
à Saint-Chinian, le 9 mai.

Cependant, la déportation à la Guyane
avait été votée, sans qu'on se fût inquiété
des moyens de transport. On laissait aux
administrations maritimes le soin d'y
pourvoir. Lorient, Nantes, Rochefort
et Bordeaux furent les ports désignés
pour recevoir les déportés amenés de
la France entière. En fait, Lorient s ar-
rangea pour n'en point avoir. Nantes
était pourvu d'un proconsul avisé, Carrier, qui trouva le moyen d' « exécuter
verticalement » le décret de déportation
en plongeant « toute cette prêtraille »
dans la Loire, « le grand verre aux calo-

tins », comme il disait, goguenard. Les bateaux à soupape firent merveille et ôtèrent à la République le souci de nourrir plusieurs milliers de « bouches inutiles ».

Restaient donc Bordeaux et Rochefort. C'est vers ces deux ports, en choisissant le plus rapproché, que les directoires des départements avaient ordre de diriger, de brigade en brigade, tous leurs prêtres déportables.

# La déportation par Bordeaux.

Elle commença le 16 avril 1793, lorsqu'arrivèrent les premiers prêtres du Cantal et de la Dordogne. Les jours suivants, il en vint par douzaines et par centaines, de presque tous les départements du Centre et du Midi. Il y en avait 1 044, répartis entre toutes les prisons de Bordeaux, le 20 mai, quand le ministre de l'Intérieur, Garat, devant les protestations des autorités locales, donna l'ordre de surseoir à tous nouveaux envois de prêtres dans ce port. En outre, 102 prêtres de la Sarthe et de l'Indre-et-Loire avaient été dirigés sur Blaye.

On compte environ 1 500 prêtres qui furent internés, soit à Bordeaux, soit à Blaye, en qualité de déportables, au cours des deux années 1793-1794.

Sur ces 1 500, 220 sont morts; 630 ont été transférés à Rochefort, à la fin de décembre 1794, sur trois vaisseaux. De ces 630, il n'en restait plus, à Port-des-Barques, le 26 avril 1795, que 245. Les autres avaient été libérés. Ce sont ces 245 qui furent, ce jour-là, expédiés à Brouage, où il en mourut 36.

Tels sont les chiffres contrôlés de la déportation par Bordeaux.

Répartis entre les huit prisons de Bordeaux et les deux de Blaye, les déportés connurent des destinées très diverses. Ainsi, les prêtres internés à la citadelle de Blaye, moins étroitement surveillés, pouvaient réciter en commun leurs prières et même célébrer, à tour de rôle, la sainte messe, avec des orne-ments que leur passaient les habitants; tandis que leurs confrères, entassés dans l'îlot du Fort-Pâté, y vivaient « dans la fange et l'ordure » et fournissaient à la mort un fort contingent. Pareillement, pour les prêtres internés à Bordeaux, le séjour des Grandes-Carmélites ou du palais Gallien fut moins rigoureux que celui de la Tour Peyberland ou du Fort-du-Hâ.

Les déportés bordelais eurent la chance

d'être assez longtemps sous la juridiction du représentant du peuple Isabeau, un ancien prêtre de l'Oratoire, ancien curé constitutionnel de Saint-Martin et grand vicaire de Tours, qui, malgré ses airs de matamore et son amour grotesque du panache, cherchera jusqu'à la fin plutôt à adoucir leur sort. Si cruelles que fussent leurs souffrances, elles ne sauraient être comparées au martyre des prêtres déportés sur les pontons de Rochefort.

Bordeaux et Blaye ne suffisant plus, c'est Rochefort qui devint, à partir de juin 1793, l'unique point de concentration de tous les déportés destinés d'abord à la Guyane, plus tard à la côte Nord de l'Afrique.

# En route vers Rochefort.

Sous la pluie, sous la neige, serrés sur des charrettes, ou à pied, enchaînés trois à trois, par le cou, ils accomplirent, à travers la France, ce voyage justement appelé « la Voie douloureuse » ; traversant les villes, sous les huées et les menaces de mort, couchant tantôt sur le pavé des églises profanées, tantôt mélangés aux malfaiteurs, dans des prisons infectes.

Les historiens ont dépeint ces prisons de la Terreur. Je doute qu'ils aient écrit une page semblable à celle-ci, empruntée aux Mémoires de l'abbé Soudais, déporté du département de l'Yonne :

Nous n'avions encore rien vu d'aussi affreux (c'était à Tours). Les prisonniers étaient mangés par la vermine, mouraient de faim sur la terre nue. Nous nous trouvâmes jetés dans une pièce qui, avant la Révolution, servait de chapelle, sans autre lit que le carreau. A côté, s'en trouvait une autre où étaient logées cinq malheureuses femmes, dont deux étaient à toute extrémité. L'une d'elles était accouchée depuis peu dans ce cachot, sans autre secours qu'une livre de mauvais pain avec de l'eau et deux visites de geôlier par jour. L'air méphitique de la pièce avait une odeur cadavéreuse et prenait à la gorge. Ces cinq malheureuses n'en respiraient pas d'autre, avec leurs pauvres enfants, qui ne naissaient que pour respirer le poison.

Le lendemain, il fallait continuer le voyage. Sur les routes, les bataillons de volontaires les insultaient, les plus exaltés cherchaient à les percer de leurs sabres ou de leurs baïonnettes. A Cognac, un commandant de volontaires leur disait : « S vous étiez des animaux, on pourrait avoir quelque pitié de vous, mais, étant des monstres, vous ne méritez aucune compassion. »

A Nantes, les déportés des Côtes-du-

Nord furent entassés sur un des bateaux disposés par le féroce Carrier.

Les morts étaient mêlés aux mourants. Presque tous étaient frappés. Quelques-uns, sur le tillac, cherchaient à éviter la contagion, mais en vain ; ils étaient bientôt forcés de descendre et de se confondre avec les autres, en attendant qu'une prompte mort vînt les délivrer. (Besson).

Le passage à Poitiers fut marqué par des fouilles odieuses. Les terroristes leur arrachaient leurs habits, les mettaient complètement nus, leur introduisaient les doigts dans les parties les plus secrètes, puis dans la bouche, pour s'assurer qu'ils ne dissimulaient point quelques pièces d'or. Les livres de religion étaient déchirés, les reliquaires et les crucifix brisés, avec d'horribles blasphèmes.

A Limoges, le 5 décembre 1793, les ecclésiastiques de l'Allier et ceux de la Corrèze virent venir au-devant d'eux une longue file d'ânes et de boucs couverts d'habits sacerdotaux ; un énorme pourceau, revêtu d'ornements pontificaux, fermait la marche, avec une tiare sur la tête et cette inscription au front : « Le Pape. » Les prêtres furent placés deux à deux avec ces animaux, et la procession sacrilège entra en ville. Elle vint

se ranger sur la place principale, autour
de la guillotine, et un prêtre fut exécuté.
C'était l'abbé Rempnoux, jeune diacre
de Limoges. Le bourreau montra sa
tête au peuple et dit :

— Les scélérats que vous voyez ici
méritent d'être traités comme celui que
je viens d'exécuter. Par lequel voulez-
vous que je commence ?

La foule cria :

— Par celui que tu voudras.

Après les avoir ainsi effrayés, on les
conduisit en prison.

La même mascarade sacrilège se renou-
vela le 20 janvier 1794, et la victime
fut, cette fois, l'abbé Gaston, curé de
Sainte-Anne. Il est à noter que cette
odieuse mise en scène avait été soigneusement préparée par le citoyen Publicola
Pedon, journaliste et membre du comité
d'instruction publique, qui se félicite du
succès de son « intéressante invention »
et s'amuse à en faire, dans le *Journal
du département de la Haute-Vienne,* une
« piquante » description.

Une des plus grandes douleurs des
malheureux prêtres fut de se voir enfermer dans les églises profanées, où d'ailleurs leurs bourreaux ne les laissaient
point dormir en paix. Pénétrant dans
l'église, au milieu de la nuit, armés jus-

qu'aux dents, ils se répandaient en blasphèmes et menaces de mort, s'amusant
de la frayeur de leurs victimes.

Aussi, l'approche des bourgs et des
villes redoublait-elle leur angoisse, à la
pensée de voir se renouveler pour eux
les injures et les mauvais traitements.

Enfin, d'étape en étape, et après avoir
semé sur la route sept cadavres, ils arrivèrent à Rochefort, dans les premiers
mois de 1794.

## Les prisons de Rochefort.

Rochefort, ville nouvelle, était un
vaste chantier de constructions navales,
où les idées révolutionnaires avaient
trouvé de nombreux partisans. Les
révoltes des équipages, les émeutes des
ouvriers de l'arsenal avaient contraint
les officiers nobles de la ville à s'éloigner.
Des déclassés de tout ordre avaient
envahi les services maritimes. Le bagne
contenait plus de 1 800 forçats. Le
passage des bataillons de volontaires,
dirigés sur la Vendée, angmentait l'anar-
chie. Au mois d'octobre 1793, les conventionnels *Lequinio* et *Laignelot* vinrent
exciter davantage cette population très
mélangée. Le premier, avocat bavard et

sans clients du Finistère; le second,
homme de lettres parisien, dramaturge
sifflé sur toutes les scènes; tous deux
incarnant le jacobinisme le plus pur.
Ils eurent tôt fait, en quatre mois, de
« mettre au point » le pays. Leurs procla-
mations, leurs discours, leur correspondance montrent une haine satanique de
la religion. « Tout va marcher ici ron-
dement, écrivent-ils à la Convention; le
peuple va de lui-même au flambeau de
la Raison, que nous lui montrons avec
douceur et fraternité; le tribunal révolutionnaire, que nous venons d'établir, fera
marcher les aristocrates, et la guillotine
fera rouler les têtes. » Ils inaugurèrent
à Rochefort la déchristianisation offi-
cielle, qui devait bientôt s'étendre à
toute la France, par la transformation
de l'église paroissiale en temple de la
Vérité. Ils établirent un tribunal révolutionnaire, dont les membres étaient
pour la plupart des criminels chassés
de Saint-Domingue. Bref, tout le mal
qu'ils pouvaient faire était accompli,
lorsqu'ils furent, à la mi-janvier 1794,
remplacés par deux autres conventionnels de moindre envergure, *Guezno*,
député du Finistère, et *Topsent*, député
de l'Eure.

A leur arrivée à Rochefort, les

3

malheureux déportés furent accueillis par des injures et des menaces. On les enferma à la prison Saint-Maurice, à l'ancien couvent des Capucins, ayant pour toute nourriture un pain mal cuit, un peu de soupe au fond d'un baquet et de l'eau. Pour-coucher, un matelas malpropre. Mélangés aux forçats, qui, mieux partagés, avaient des lits. Le plus grand nombre fut mis à bord d'un vieux vaisseau de ligne, le *Bonhomme-Richard*, qui servait d'hôpital aux galeux et se trouvait amarré, à bord de quai, en amont de Rochefort, au lieudit la Cabane carrée. On utilisa également un autre vaisseau, ancré en pleine Charente, *le Borée*. Entassés dans l'obscurité de la cale, roulant dans l'eau infecte, au milieu des bois, des cordes, des barils, des canons, l'air ne leur arrivait qu'à travers les deux étages supérieurs ; déjà à peine respirable, il devenait bientôt fétide et corrompu.

Les archives de la Médecine navale relatent que le typhus était déjà à bord de ces pontons. Cet embarquement était donc un commencement d'exécution clandestine. D'après les registres de décès, 34 ecclésiastiques, épuisés par les souffrances du voyage, furent transportés dans la partie de l'hôpital réservée aux

forçats et y moururent. Et c'étaient toujours des fouilles, des vols, des insultes,
des blasphèmes, des mauvais traitements
qu'il serait trop long de raconter.

Ils savaient qu'ils n'avaient à attendre
de pitié de personne, pas même des
médecins attachés au service des prisons.

M. Garnier, chanoine d'Avallon, épuisé
par tant de souffrances et de privations,
est amené à la visite :

— Cet homme, crie le docteur, est
usé par la débauche et le libertinage !
Qu'on lui donne de l'émétique !

— Nous allons le tuer, observe l'infirmier.

— Tant mieux, si ce scélérat en meurt !
La République aura un ennemi de moins.

Les malheureux avaient été fouillés et
refouillés. On leur avait pris tout ce qu'ils
pouvaient avoir d'objets de quelque
valeur : argent, montres, tabatières,
boucles de souliers, jarretières, boutons
de manchettes. A tout propos, ce sont
de nouvelles perquisitions, pour tâcher
de leur dérober encore quelque chose.

Les bourreaux, la plupart illettrés,
font surtout la chasse aux livres. Ils
saisissent sur M. Labiche de Reignefort, vicaire général de Limoges, les
*Colloquia Erasmi*. Un livre latin, ça ne
peut être que suspect,

— Mais, Messieurs, ce sont les colloques d'Érasme.

— Érasme? Était-ce un bon patriote?

— Hélas! je l'ignore. Tout ce que je sais, c'est que c'était un Hollandais, et qu'il y a plus de deux siècles qu'il est mort. Mais son livre est très bien é rit, c'est un livre classique.

— Classique! Jamais nous n'avons fait de classes...

On est désarmé devant tant de candeur!

Cependant, on est en mars, et les arrivages continuent toujours. Malgré les vides faits par la mort, il est impossible de loger les nouveaux arrivants soit dans les prisons, soit dans la cale des deux vaisseaux amarrés dans le port. Le ministre, alors, ordonne l'embarquement sur deux grands navires négriers, *les Deux-Associés* et le *Washington*, ancrés en rade de l'île d'Aix. Il est remarquable que les négriers servirent, aussi bien à Rochefort qu'à Bordeaux, à l'internement des prêtres : ainsi la barbarie, fuyant les côtes d'Afrique, trouvait en France un asile assuré.

Le *Borée* fut complètement évacué. Quant au *Bonhomme-Richard*, il garda, on ne sait pourquoi, jusqu'à la fin, une trentaine de prêtres, mélangés aux ga-

leux, mais relativement mieux traités
que ne le furent ceux des deux pontons
de la rade. Tous n'eurent qu'à se louer
du capitaine Marquiseau, un vieux loup
de mer, beaucoup plus humain que ses
collègues des autres vaisseaux.

Le commandant des *Deux-Associés* était
le citoyen Lally; celui du *Washington*,
le citoyen Gibert : deux brutes bien
dignes d'un pareil emploi. L'équipage et
la garnison se composaient de 110 hommes
pour les *Deux-Associés* et de 120 pour
le *Washington*.

L'embarquement s'effectua, le 25 mars,
sur les *Deux-Associés*, et le 17 juin, sur
le *Washington*. Les pauvres prêtres
croyaient partir pour la Guyane. Plusieurs n'avaient jamais vu la mer. Ils
ne purent retenir un cri d'admiration
devant ce spectacle nouveau.

— C'est dans cette grande tasse qu'on
vous fera bientôt boire! dirent les matelots avec un rire cynique.

Les tortures subies jusque-là n'étaient
rien en comparaison de celles qu'ils
devaient endurer. Le vrai supplice allait
commencer.

# LES PONTONS

## Le supplice des pontons.

Pénétrons dans une de ces prisons flottantes où va se poursuivre, *pendant onze mois*, la lente agonie de ce qui fut l'élite du clergé de France.

Tout ce que la cruauté raffinée des Peaux-Rouges et des Chinois, réputés maîtres en l'art de torturer, peut combiner de supplices afin d'épuiser savamment notre capacité de souffrir, n'est rien auprès des rigueurs exercées contre les prêtres de Jésus-Christ par les sinistres forbans qui se vantaient d'être les disciples du « sensible » Jean-Jacques, les doux apôtres de la « tolérance » et de la « fraternité ».

On se demande si tant d'inhumanité est possible, si les victimes n'ont pas poussé au noir le tableau de leurs souffrances et calomnié leurs bourreaux... Mais les Archives de la Marine permettent de contrôler leurs récits, et l'on voit qu'ils sont restés plutôt en deçà de la vérité.

Chaque soir, donc, après qu'ont retenti les trois coups de sifflet réglementaires, la voix stridente du capitaine d'armes crie : « En bas les déportés, à se coucher ! » Alors, tous se ruent vers le trou noir et béant de l'écoutille, comme vers le tombeau qui va les ensevelir vivants. S'ils hésitent une seconde, par un mouvement de répulsion instinctive, s'ils ne sont pas assez prompts à descendre l'échelle roide et glissante, on les y précipite, sabre en main, dans une tempête de jurons :

— Entrez, scélérats, ou je vous hache ! Qu'il y ait de la place ou non, il faut vous f... là... Vous en verrez bien d'autres ! S'il en meurt 20, nous en ferons venir 40 !

Quand tout a disparu, comme une vague humaine, dans les ténèbres de l'entrepont, les geôliers verrouillent les portes, et s'en vont tranquilles sur le sort de leur cargaison.

Pour les pauvres prêtres commence une nuit d'enfer.

Figurez-vous, entre le pont et la cale du navire, un réduit entièrement obscur, de 123 mètres carrés de surface, encore faut-il retrancher la place occupée par l'échelle de l'écoutille et ses supports, le pied du grand mât et les cabestans. L'hygiène et l'humanité défendent d'y enfermer plus de 40 hommes. Or, ils sont 400 ! Grâce à une savante superposition de planches clouées sur les flancs, et de hamacs suspendus au milieu, on a réussi à les distribuer en trois couches super-posées comme « des harengs en caque » ou « de la vendange sous le pressoir ».

Ils diposent d'environ un demi-mètre cube chacun pour s'étendre, se mouvoir et respirer, et comme l'on n'a ménagé entre les lignes aucun espace vide, pas le plus petit passage libre, ils sont obligés de ramper les uns sur les autres pour atteindre à leur couchette ou pour se rendre aux deux baquets qui leur servent de latrines.

Aucune description, si réaliste qu'elle soit, ne saurait rendre la poignante hor-reur de ces nuits dans l'entrepont. Ecou-tons un témoin, M. Labiche de Reigne-fort :

Quel supplice, grand Dieu ! quand ce n'eût été que l'air fétide et corrompu, et les exhalai-sons infectes et empoisonnées qui sortaient de ce lieu empesté... Mais comment gagner sa place à travers cet encombrement d'hommes et d'effets ? Ce n'était partout, sur le passage, que sacs de nuit, où l'on allait buter ; mâts ou poteaux, contre lesquels on risquait de se casser la tête ; hamacs déjà occupés, sous les-quels il fallait passer en se courbant jusqu'à terre, et sans pouvoir se poser nulle part,

à moins de fouler quelque bras ou quelque
jambe de ceux qui étaient déjà étendus sur le
plancher et de leur faire jeter les hauts cris...
Dans un espace si étrang ment borné, comment faire les mouvements nécessaires pour se
dépouiller de ses habits? ou comment ne pas
étouffer, dans les grandes chaleurs, si on ne
les déposait? Comment dormir, ayant les os
brisés ou moulus par les planches, le sang en
ébullition, le corps ruisselant de sueur et dévoré
par les poux?

Et lorsqu'ils s'éveillent, la tête lourde,
après ces nuits horribles, on les expose,
sous prétexte de désinfecter la geôle,
à la plus barbare des fumigations. Des
matelots apportent un tonneau de goudron, dans lequel ils plongent deux ou
trois boulets rouges. Il en sort une
épaisse fumée, d'une odeur forte et
âcre, qui les saisit à la gorge, les fait
tousser, moucher, cracher, souvent jusqu'aux convulsions.

Faut-il s'étonner, poursuit M. Labiche, que
tels d'entre nous qui étaient entrés le soir au
cachot sans aucun symptôme de maladie prochaine, fussent trouvés le lendemain défaillants
et presque sans vie, et que les maladies les
plus terribles fissent parmi nous de si rapides
et de si incroyables progrès?

Un rapport du chirurgien délégué par
le Comité d'hygiène du port de Rochefort pour tâcher d'enrayer l'épidémie

qui décimait les prêtres et commençait de gagner l'équipage confirme, point par point, le récit de M. Labiche. Afin de juger par lui-même de ce que pouvait être l'entassement de ces 400 hommes dans l'entrepont, le médecin y est descendu. Mais il est remonté bien vite en disant : *Si on mettait là 400 chiens pendant une nuit seulement, le lendemain on les trouverait morts ou enragés.* L'abbé Rousseau ne comparait-il pas sa position et celle de ses malheureux confrères à celle d'*animaux qu'on ferait expirer lentement sous la cloche d'une machine pneumatique?*

Vers 7 ou 8 heures du matin, suivant la saison, les déportés remontaient à la lumière. On les parquait sur l'avant du navire, dans un espace guère plus grand que celui qu'ils venaient d'occuper dans l'entrepont. La rembarde, barrière de chêne hérissée de pointes de fer, les séparait de l'autre partie du pont, réservée aux hommes de l'équipage. Elle avait deux portes, gardées par des sentinelles en armes, et quatre ouvertures pour laisser passer les gueules des canons toujours chargés à mitraille :

Il leur faut rester là, debout, douze heures durant, dans l'impossibilité de se reposer et de se mouvoir, gênés par des paquets de cordages, des barriques, des tas de bois et deux loges à pourceaux; debout sous la pluie et le vent, sous le soleil torride de juillet et la bise glaciale de décembre. Or, l'hiver de 1795 fut particulièrement rigoureux, puisqu'on vit la Charente gelée et les navires en rade bloqués par les glaces.

Écoutons M. Labiche de Reignefort nous décrire les conditions et le menu de leurs repas :

Nous mangions dix par dix, toujours debout et au grand air, par tous les temps, les pieds dans la neige ou dans l'eau, et tellement serrés les uns contre les autres que nous avions mille peines à aborder la gamelle, et quand nous pouvions réussir à en enlever, comme à la volée, une cuillerée de soupe, il y avait dix à parier contre un que dans le trajet la meilleure partie se répandrait sur nos habits... Pas de table ou de banc pour établir notre gamelle. Les mieux partagés étaient ceux qui pouvaient se procurer un tonneau ou un baril... Il fallait déchirer pain et viande à belles dents, car nous n'avions qu'un petit chétif couteau pour dix.

Ce n'est que sur le tard qu'on leur accorda, par faveur, à chacun un couteau de six liards, une tasse et des cuillers de bois, qu'ils portèrent, afin de ne pas les égarer, suspendus à leur cou ou à la boutonnière de leurs habits.

Comme ordinaire : une livre et demie, pour la journée, d'un pain grossier, composé de poussière, de paille de seigle et d'orge, et qui se dissipait, quand on le rompait, en une fumée noire et infecte... ; tantôt des gourganes ou petites fèves de marais, bouillies simplement dans l'eau destinée à faire la soupe, d'ailleurs jamais cuites et noires de charançons; tantôt de la morue chanvieuse, qu'on ne se donnait pas la peine de faire détremper et qu'on servait toujours à moitié cuite, ou de la viande avariée. Pour boisson, une faible quantité de vin de Saintonge et de l'eau de cale, noire et pourrie... Nos geôliers ne nous servirent, pendant l'été et l'hiver de 1794, que du biscuit et des salaisons, ce qui est très échauffant et engendre le scorbut. Ajoutez que nous manquions souvent d'eau douce... Au *Washington* on fut trois semaines sans pouvoir s'en procurer une goutte, même pour y faire baigner le porc salé et la morue...

Encore s'ils avaient eu le loisir de manger en paix leurs maigres rations ! Mais :

On nous avait à peine servis, qu'on affectait de venir, d'un air empressé, nous crier de nous retirer, pour des manœuvres, qu'avec un peu d'humanité on eût pu facilement différer de quelques instants... Le repas devenait, dans ces conditions, *l'action la plus difficile et la plus importante de la journée...* Nous mourions de soif. *Nous enragions de faim.* Nous maigrissions et dépérissions à vue d'œil...

On les vit se battre, presque, à la distribution du pain :

Des hommes faits, qui s'estiment et se respectent mutuellement... des prêtres !... s'arracher pour ainsi dire le pain des mains !... Ne fallait-il pas que le besoin fût extrême... Voici pourtant quelque chose de pire. J'ai vu de mes propres yeux un de mes confrères demander avec instance quelques morceaux de pain, restes de la table du capitaine, qu'on se disposait à donner aux pourceaux. Sur le refus du mousse qui les portait, je l'ai vu, sitôt cet enfant disparu, les retirer précipitamment du bac de ces animaux, imbibés d'eau de vaisselle et d'autres immondices, pour en faire sa nourriture.

Pendant que les pauvres prêtres « enrageaient de faim », leurs geôliers faisaient bombance. Les Archives de la Marine nous révèlent que le citoyen Gibert, commandant du *Washington,* dépensa, en quatre mois, pour sa table, 1 724 francs. Son traitement ne suffisait pas à ses débauches. Une note du pourvoyeur lui reproche d'être toujours en retard pour payer ses dettes.

## Misère et souffrances.

Aux souffrances que nous venons de voir et qui résultent de l'entassement des prisonniers sur le pont et dans l'entrepont, de la mauvaise qualité et de l'insuffisance de la nourriture, ainsi que du manque d'eau potable, il faut en ajouter bien d'autres. Nous ne pouvons que les indiquer en passant :

### *Dénuement.*

On leur a tout pris, leurs livres, leurs montres, leur argent. On ne leur a laissé que leurs vêtements. Ce n'est pas fini. Tant qu'il y aura une chemise sur leur pauvre squelette, elle excitera les convoitises de leurs bourreaux.

— Vous allez partir pour l'Afrique, leur dit-on. Faites donc vos paquets. Ne gardez avec vous que le strict nécessaire. Mettez le reste en réserve au magasin. On vous le rendra là-bas.

Ils suivent naïvement ce conseil, livrent leur linge de rechange et... ne le revoient plus. Les bourreaux rient à pleine gorge du succès de ce qu'ils appellent leur « ruse de guerre ». Tout leur semble de bonne prise, et ils n'attendent que la mort de leurs victimes pour faire la rafle de leurs effets.

### *Malpropreté.*

Les habits et le linge portés jour et nuit finirent par s'user, et les malheureux prêtres ne furent bientôt plus vêtus que de loques innommables, imprégnées de miasmes fétides et infectées de vermine. Une de leurs plus grandes tortures leur était causée par les poux, dont ils ne parvenaient pas à se débarrasser.

### Travaux pénibles.

Il leur fallait laver leur linge avec l'eau de mer puisée à force de bras à plus de trente pieds de profondeur; remonter les lourds baquets à immondices et les aller décharger dans la mer; nettoyer leur infect cachot; laver le pont, tirer au cabestan, emmagasiner les vivres, hisser les tonneaux d'eau douce et surtout porter à terre les cadavres de leurs confrères et creuser les fosses pour les y inhumer. Mais ce qu'ils redoutaient le plus, c'était le « branle-bas », remue-ménage général du bateau.

### Supplices.

Pour un rien, ils étaient descendus à fond de cale avec les fers aux pieds, dans l'impossibilité de faire un mouvement. Aux fers celui qui n'exécute pas assez vite une répugnante ou dure corvée!... Aux fers pour quinze jours celui qui a osé demander aux matelots de lui apporter quelque fruit pour le rafraîchir!... Aux fers celui qui s'est plaint que le biscuit était plein de vers, et avec lui les quatre prêtres qui mangeaient au même plat!... Aux fers celui qui a inséré dans une lettre à ses parents un passage des psaumes!... Aux fers celui qui, n'étant pas encore accoutumé aux discordances des voix dans le chant de la *Marseillaise*, s'est permis cette réflexion : « Dieu ! que ces gens-là chantent faux ! » Aux fers les dix-sept prêtres qui ont adressé une pétition au district de Rochefort ! Aux fers — pour y mourir — celui qui, d'un geste de dégoût, a jeté à la mer sa culotte blanche de vermine… Tous y passent, et plusieurs y succombent. M<sup>gr</sup> de la Romagère conserva toute sa vie aux jambes les traces des huit jours de fers qu'il avait subis comme signataire de la pétition.

### *Outrages et dérisions.*

Les exemples abondent :

— Ah ! vieux scélérat, disait un jour le capitaine du *Washington* à un vieux prêtre de quatre-vingt-cinq ans, en lui enlevant le bâton qui soutenait ses pas chancelants, si je te laissais cela, tu serais capable de faire la contre-révolution à mon bord !

Un autre jour, devinant au mouvement de leurs lèvres que ses prisonniers priaient en secret, il leur cria avec emportement :

— Quoi ! fanatiques, je crois que vous invoquez votre Jésus. C'est en vain que vous priez ce coquin-là, il ne saurait vous retirer d'ici.

Puis, après un silence :

— Priez Dieu dans votre cœur, je ne saurais l'empêcher, mais si je surprends quelqu'un à faire le moindre signe de religion, je le fais fusiller sur l'heure !

Au sortir d'un festin avec son collègue, le capitaine des *Deux-Associés* s'en vient railler les déportés :

— Quoi ! scélérats, vous ne riez pas ici ? Je connais les principes de votre religion. Votre Jésus ne dit-il pas qu'on doit s'estimer heureux lorsqu'on souffre ? Goûtez donc et savourez votre bonheur !

*Menace perpétuelle de mort.*

Malgré leurs canons chargés à mitraille et leurs 144 hommes armés jusqu'aux dents, les bourreaux n'étaient pas tranquilles. Ils craignaient toujours que leurs prisonniers ne machinassent une révolte pour égorger les équipages. Aussi saisissaient-ils avec avidité les plaintes de leurs victimes pour avoir l'occasion d'y découvrir un mot, un geste qui donnât prétexte à l'accusation de complot et permît d'appliquer aux déportés la loi martiale.

Le chanoine Roulhac, de Limoges, a dit à un de ses confrères :

— Ils ont tort de nous craindre. Nous sommes ici 400 ; si nous voulions leur faire du mal, il n'en faudrait pas tant : 100 comme vous et moi suffiraient.

Pour ce propos imprudent, le malheureux est saisi, garrotté; sans lui donner le temps de se justifier, on l'attache au mât de misaine, et devant la moitié de ses confrères, sur lesquels on a braqué les canons, on le fusille de vingt balles à bout portant.

Un Carme déchaussé d'Angoulême, le P. Coudert, a été pris d'un accès de fièvre chaude et se démène au milieu de ses confrères impuissants à le calmer. Voilà l'équipage affolé qui court aux armes, allume la mèche des canons; le conseil de guerre s'assemble, déclare tous les prisonniers coupables de rébellion et les condamne, sans plus d'explications, à être mitraillés. Heureusement, un jeune officier observe qu'il serait peut-être bon, avant de passer à l'exécution, de prendre l'avis des autorités supérieures. Le commandant de la rade, avisé, dépêcha un médecin-chef, qui voulut bien reconnaître le cas de fièvre chaude, et les malheureux furent sauvés.

*Souffrances morales.*

Outre la privation de célébrer la sainte messe, de réciter le saint bréviaire, de respirer cet air vivifiant des prières liturgiques, si indispensable à l'âme sacerdotale; outre le déplaisir de n'entendre toujours que paroles grossières, injurieuses et blasphématoires, les malheureux déportés avaient encore à souffrir les uns des autres.

Il n'y avait pas, en effet, parmi eux, que des confesseurs de la foi. Dans leur empressement à proscrire, les représentants du peuple en mission, principalement celui qui opérait dans les départements de la Meuse et de la Moselle, Mallarmé, avaient expédié sur les pontons un certain nombre de prêtres intrus, apostats, traditeurs, et même mariés, « qui étaient parmi nous, dit Labiche, le plus souvent sans que nous connaissions leurs qualités personnelles, et qui faisaient bassement leur cour aux officiers à nos dépens. Je veux dire en nous dénonçant, dans l'espoir d'être mis en liberté ou d'obtenir quelque adoucissement à leur sort ». Toutes les relations sont unanimes à constater que les souffrances du corps n'étaient rien, en comparaison de celles que saint Paul dit venir « des faux frères ». Elles fournirent, du moins, aux héroïques confesseurs l'occasion d'exercer leur zèle et leur charité envers des confrères momentanément dévoyés, qui tous, sauf un de la Moselle, moururent pénitents et réconciliés. L'un d'eux même, le fameux Léonard, curé de Marennes, mourut comme un saint après avoir, jusque sur les vaisseaux, scandalisé ses confrères par ses excentricités.

### Maladies.

Tant de privations et de tortures morales et physiques avaient engendré de terribles maladies : le scorbut, qui décharnait les gencives et couvrait le corps de plaies purulentes; une sorte d'hébétude, qui rendait les malheureux sourds à l'appel de leur nom, leur ôtait toute mémoire, toute pensée, les rendait incapables de prier, de réciter le *Pater;* la fièvre chaude, qui en pr. nait quelques-uns, les faisait se jeter sur leurs confrères et les mordre avec fureur, quittes, l'accès passé, à s'en excuser humblement.

Les pontons furent bientôt transformés en un vaste charnier, foyer de contagion redoutable pour la santé publique. Il fallut aviser d'urgence aux moyens d'enrayer le fléau. Les bourreaux envisagèrent, dit-on, la possibilité de se défaire de leurs prisonniers, soit par un massacre général, à la suite d'un prétendu complot, soit par du poison introduit dans les aliments. Mais l'emploi de ces moyens radicaux souleva des scrupules chez quelques-uns. Il fallut donc, puisque l'on n'osait pas achever les prêtres atteints de maladies contagieuses, se résoudre à leur trouver un local où ils finiraient de mourir, sans danger pour les équipages.

On fit venir de Rochefort deux mauvaises chaloupes, qu'on baptisa du nom de *grand* et de *petit hôpital*. Lorsqu'un cas grave se déclarait, à bord du *Washington* ou des *Deux-Associés*, on hissait le malade avec un palan, sans matelas ni planches, et, au milieu des rires de l'équipage, on le laissait tomber sur le canot qui devait le transporter à l'hôpital. Chaque chaloupe en recevait une soixantaine, dans une cale de cinq pieds de haut à peine éclairée par quelques hublots. Les malheureux prêtres restaient étendus, sans couverture, sans oreiller, presque sans vêtement, sur le plancher nu. Pour étancher leur soif ardente ils n'avaient, le plus souvent, ni eau douce ni tisane. Les remèdes faisaient défaut ou étaient plus propres (ainsi l'émétique administré sans eau et à forte dose) à tuer le malade qu'à le guérir.

Bientôt, d'ailleurs, les deux chaloupes ne suffirent plus à recevoir le nombre toujours croissant des malades. Il en resta sur les deux bâtiments qui achevèrent d'y répandre la peste.

# Vertus sacerdotales.

Il est temps de détourner nos yeux de tant de misères pour contempler de merveilleux exemples de sainteté. Car ces spectres, qui se traînent, pâles, défaits, sordides, sur le pont des vaisseaux, ou qui râlent dans l'atmosphère empuantie des chaloupes, restent prêtres jusqu'au bout. Transfigurés par la souffrance, ils retrouvent les élans, la ferveur de leur jeunesse sacerdotale.

Quoi de plus touchant que le *règlement*, en neuf articles, rédigé par les prisonniers des *Deux-Associés?* Ils promettent de ne se livrer à aucune inquiétude sur leur délivrance ; d'éviter les moindres murmures, les légères impatiences, l'ardeur excessive à rechercher les nouvelles favorables ; de se tenir dans un recueillement continuel et une soumission sans bornes à la divine volonté. Si Dieu permet qu'ils recouvrent la liberté, ils auront soin de ne pas se livrer à une joie immodérée ; de ne montrer aucun regret de la perte de leurs biens, aucun empressement à les réclamer ; de ne point s'autoriser de leurs privations pour manquer à la sobriété ; de ne point répondre aux vaines questions que les curieux de la route leur feraient sur leur état passé, de ne faire part de leurs peines qu'à leurs parents et amis, et encore avec beaucoup de prudence et de modération, laissant entrevoir qu'ils les ont supportées avec patience et sans aucun ressentiment contre ceux qui en ont été les auteurs ou les instruments; de garder le silence le plus absolu sur les défauts de leurs frères et les faiblesses qu'ils auraient pu laisser paraître en de si rudes épreuves, de conserver la même charité à l'égard de tous ceux dont l'opinion religieuse serait différente de la leur. Ils jurent enfin de ne faire ensemble qu'un cœur et qu'une âme, de ne se point mêler de nouvelles politiques, de prier pour le bonheur de leur patrie, d'être jusqu'à la fin, si Dieu permet qu'ils retournent dans leurs foyers, un sujet d'édification et des modèles de vertu pour les populations par leur éloignement du monde, leur application à la prière, leur piété...

De telles résolutions, prises et observées au milieu des inexprimables tortures de la captivité, ne sont-elles pas la preuve de l'héroïcité des vertus de ces confesseurs de la foi?

Dans les prisons de Rochefort et sur les pontons, l'on observait avec la plus scrupuleuse fidélité la loi du jeûne et de

l'abstinence, ou l'on se demandait mutuellement les dispenses nécessaires. Plusieurs se livraient à des mortifications
effrayantes comme celles qu'on lit dans
la vie des saints. M. Labiche déclare
avoir vu, parmi les objets recueillis sur
ses confrères morts à l'hôpital de l'Ile
Madame, un grand nombre d'instruments
de pénitence : cilices, disciplines, chaînes
de fer, etc. « Ce souvenir, dit-il, me glace
encore d'effroi... »

La patience, l'égalité d'humeur, la
douce sérénité des prisonniers avaient
été remarquées de leurs bourreaux, qui
s'en étonnaient :

— Voyez donc ces b.. là, disaient-ils,
plus ils souffrent, plus ils sont contents!

Ils se prêtaient avec bonne grâce aux
services que leur demandaient leurs persécuteurs. C'est ainsi que d'Oudinot de
la Boissière, chanoine de Limoges, ancien
conseiller au Parlement de Bordeaux,
poussa la complaisance jusqu'à se faire
le tailleur d'habits des gens de l'équipage.
Il s'asseyait près d'un sabord dont l'ou-
verture répandait un peu de lumière sur
son ouvrage, et il travaillait sans relâche.
Son salaire consistait en quelques morceaux de pain, quand ses pratiques étaient
contentes, ou bien des injures, quand les
habillements n'étaient pas prêts à point

nommé. Au moment de mourir, son confesseur voulut le rassurer et lui donner
quelque espoir de guérison :

— Eh! de quoi me parlez-vous? répon-
dit-il avec vivacité. Croyez-vous que je
tienne à cette vie? Parlez-moi plutôt de
la vie future et de la possession de Dieu.

L'abbé de Cardaillac est le fils d'un marquis,
il a été aumônier de Madame, comtesse de
Provence, et possédant, comme tant d'autres,
avec les vertus sacerdotales, l'esprit enjoué et
les manières pleines de grâce du grand monde,
il a un entrain, une affabilité, une complaisance,
un zèle apostolique « qui électrise tout le monde. »
En attendant qu'il meure lui-même victime
de sa charité d'infirmier, incomparable est son
adresse à se procurer quelques remèdes et
à les présenter aux malades ; et ses discours,
pleins de l'onction du Saint-Esprit, fortifient
merveilleusement les âmes. Quand il faut faire
sourire ceux qui ont l'humeur noire, il a pour
lui donner la réplique l'abbé de Féletz, le jeune
et fin lettré qui s'étant, lui, échappé du nau-
frage, sera le brillant journaliste des *Débats*,
l'académicien qu'aimait Chateaubriand et que
redoutait Sainte-Beuve. (G. Aubray.)

La prière s'envolait sans interruption
du cœur et des lèvres des prêtres de
Jésus-Christ.
Vainement leurs persécuteurs les em-
pêchèrent-ils d'adresser publiquement
quelques prières à Dieu, de se pros-
terner en sa présence, de faire le signe

de la croix, de remuer seulement les
lèvres. Vainement lacérèrent-ils les ouvrages de piété et bannirent-ils toute
image ou objet religieux... La vie surnaturelle ne fut pas affaiblie dans ces héros
chrétiens. Ils se groupaient et priaient en
secret. Ceux qui avaient une mémoire
plus heureuse récitaient les psaumes pendant que d'autres faisaient sentinelle. Ils
ne voulurent jamais consentir à s'abstenir
de tout signe extérieur de religion, et,
d'un commun accord, ils résolurent de
de réciter tous, et quoi qu'il advînt, les
courtes prières avant et après les repas.
Il fallut bien les laisser faire.

Avec quelle sainte avidité ils ramassent
les feuilles éparses de leurs bréviaires
déchirés, que leur jettent, un jour, par-
dessus la rambarde, leurs bourreaux
gouailleurs, et comme ils gardent jalou-
sement ces miettes pour en nourrir leur
âme !

Enfin, croirait-on qu'ils sont parvenus
à soustraire à toutes les perquisitions un
bréviaire, dont ils usent en cachette,
un Évangile, une croix d'argent remplie
de reliques, et, ce qui est plus surprenant
encore, une boîte des saintes Huiles et
une provision *d'Hosties consacrées,* que l'un
d'entre eux, l'abbé Papon, curé de Contigny, au diocèse de Moulins, portait

habilement dissimulées, sur sa poitrine? En sorte que, lisons-nous dans une relation envoyée à Rome, « très peu sont morts sans le saint Viatique et personne sans l'Extrême-Onction ».

O délicatesse admirable de la Providence d'avoir permis que ces athlètes de la foi, au milieu de leurs inexprimables souffrances et de leur total abandon, ne fussent jamais privés de la douce présence de l'Hostie qui réconforte et console! Oui, le divin Ami, qui « fait ses délices d'être avec les enfants des hommes », habita toujours avec ses prêtres. Dans toute la France, où l'on n'eût certainement pas trouvé une seule église et chapelle qui ne fût alors désaffectée et profanée, il existait du moins un sanctuaire où l'Eucharistie était assurée d'avoir, jour et nuit, des adorateurs, et quels adorateurs! des confesseurs de la foi portant tous sur leur chair les glorieux stigmates de Jésus-Christ!

Nous tenons maintenant le secret de tant d'héroïsme, de patiente résignation, d'inaltérable charité, de prières indiscontinues. Cela devait se passer ainsi pour les martyrs des premiers siècles, au sein des catacombes. Cet enfer des pontons, dont nous nous sommes fait tout à l'heure une si réaliste peinture, nous apparaît,

maintenant, illuminé par la présence de
Jésus-Hostie, comme un paradis des
âmes, où s'épanouissent, dans la souffrance et la prière, d'admirables fleurs de
sainteté. Là, tandis que les pauvres corps
sont sur la croix, les âmes, portées par
les ailes de l'espérance, atteignent les
hauts sommets de la perfection. Quelle
école de patience et de charité! Quel
spectacle que ces mourants penchés l'un
vers l'autre pour recevoir l'aveu de leurs
fautes et se donner mutuellement l'absolution! Et quelles paroles de paix, de
résignation, d'espoir, d'encouragement
à bien souffrir et surtout à bien mourir!
« Nous souffrions non seulement avec
paix, mais avec goût, et nous mourions
avec délices », a écrit l'un d'entre eux.

Un dernier trait qui achève de les
peindre, c'est leur fidélité à observer
toutes les lois canoniques. Tous obéissent
à un même chef, qui est Souzy, vicaire
général de La Rochelle, à qui son évêque,
M^gr de Coucy, réfugié en Espagne, a
donné pleins pouvoirs et qui remplit,
en son nom, les fonctions de vicaire
général de la déportation. Rien de plus
magnifique que la scène qui se déroula
sous la tente du grand hôpital de l'île
Madame, le 27 août 1794. On en trouve
le récit dans les Mémoires de M^gr de

La Romagère. Souzy agonisant convoqua autour de sa couche tous les vicaires généraux présents et leur délégua les pouvoirs qu'il tenait de M<sup>gr</sup> l'Évêque de La Rochelle, pour qu'ils les exerçassent à tour de rôle et par rang d'ancienneté. Ainsi, jusqu'au bout, ces héroïques confesseurs restaient attachés à cette sainte hiérarchie de l'Eglise, pour laquelle ils avaient, en refusant le serment constitutionnel, accepté de mourir à petit feu dans ces « prisons flottantes ».

## Quelques exemples.

Il en est que l'on voit absorbés, des heures entières, dans la contemplation et l'oraison, sans que rien les puisse distraire de ce saint exercice. Tels *Legroing de la Romagère*, vicaire général et archidiacre de Narsenne, au diocèse de Moulins, qui mourra du scorbut dans les sentiments de la plus grande piété; *Pétiniaud du Garraud*, chanoine de Limoges, qui passe des journées entières à prier, confiné dans l'entrepont, avec son ami *Varagne*, vicaire du Chapitre; le *P. Sébastien François*, Capucin de Nancy, qui a si bien contracté l'habitude de la prière, qu'on le trouvera mort, à genoux, les mains jointes et les yeux élevés au ciel. Voici d'ailleurs comment l'abbé Masson raconte son trépas :

On l'aperçut un matin à genoux, les bras en croix, les yeux levés au ciel, la bouche béante. On y fit d'abord peu d'attention, parce qu'on était habitué à le voir prier ainsi, dans le cours de sa maladie. Une demi-heure se passe, et l'on est surpris de le voir persévérer dans une posture aussi gênante et aussi difficile à tenir en ce moment, où la mer était houleuse et où la barque vacillait beaucoup. On crut qu'il était en extase, et on s'approcha de lui pour le considérer de plus près. Mais en tâtant sa figure et ses mains, on reconnut qu'il avait rendu son âme à Dieu dans cette position. On appela les matelots du bord, qui, à ce spectacle, ne purent retenir leurs cris d'admiration et leurs larmes.

Quel beau sujet de tableau pour un peintre, le jour où l'on entreprendra de glorifier par l'image les martyrs des pontons !

Un autre religieux, *Dom Claude Béguignot*, baptisé « Labre » par ses confrères, à cause d'une certaine ressemblance avec ce grand saint, dans la persuasion qu'on les déportait en Afrique, avait une ample provision d'instruments de pénitence. Il remplira les fonctions de confesseur à l'hôpital et mourra en prédestiné.

L'abbé Pierre *Gabilhaud*, du diocèse de Limoges, veut passer la dernière nuit qu'il lui reste à vivre à s'entretenir de Dieu avec son confesseur.

L'abbé *Tabouillot*, prêtre lorrain, implore à boire.

— Je n'ai ni tisane ni bouillon, répond tristement l'infirmier.

Le malade de reprendre avec une douce résignation :

— Il est bien juste que j'endure la soif, puisque mon adorable Sauveur a été abreuvé de fiel et de vinaigre.

Parfois, la violence du mal enlevait aux mourants la mémoire. Ainsi M. *Paignon de Chantegraud*, chanoine de Limoges, essaye vainement de se rappeler la formule de l'acte d'amour de Dieu. Il la demande à son compagnon d'agonie, qui ne peut, lui non plus, rassembler les mots qui lui venaient, cent fois le jour, aux lèvres.

M. *Dumonet*, professeur au collège de Mâcon, et M. *Vernoy de Montjournal*, chanoine d'Autun, meurent rongés par les poux, et pour leur faire accepter ce répugnant martyre, il ne faut pas moins que le rappel du texte de Job : « J'ai dit à la poussière : Vous êtes mon père, et aux vers : Vous êtes mes sœurs. » M. *Legry*, chanoine de Vézelay, a le menton complètement rongé par la vermine et souffre, en plus, d'un abcès qu'il tient dissimulé pendant deux mois, par modestie.

Un ancien docteur de l'Université d'Angers, doyen du Chapitre de Saint-Yrieix, au diocèse de Limoges, tient en agonisant des propos si pleins de force surnaturelle que le capitaine lui-même vient par curiosité les entendre.

Deux frères, Jacques et Joseph *Ravelle,* tous deux chanoines de Rouen, après s'être servis mutuellement avec l'affection la plus touchante, expirent dans les bras l'un de l'autre.

Il convient de terminer cette liste par un nom que tous les déportés avaient en vénération, celui de M. *Pétiniaud de Jourgnac,* vicaire général de Limoges. Son aménité, sa piété tendre, son éloquence persuasive et jusqu'aux traits de son visage rappelaient saint François de Sales.

Tout couvert de plaies, tout mangé des vers, il souriait à la douleur, et, les lèvres toutes pleines des paroles de l'Ecriture, versait un peu de sa générosité et de sa joie à ceux qui mouraient en même temps que lui. (G. Aubray.)

Son ami, M. de Labiche de Reignefort, le pleurait comme un frère en le vénérant comme un saint.

# Premières sépultures.

Plus de *trois cents* prêtres moururent sur les vaisseaux et principalement dans les deux chaloupes servant d'hôpital.

A chaque nouveau décès, l'on hissait un pavillon spécial, et l'équipage criait : « Vive la République ! » Puis, l'ordre était donné de se défaire immédiatement du cadavre. Le corps dépouillé de ses hardes, roulé dans une toile grossière, était lestement enlevé avec des cordes et jeté dans le canot qui devait le mener à la côte.

Les premiers qui succombèrent furent simplement jetés à l'eau. Mais les cadavres, charriés par les courants, allèrent empester les rivages du fleuve et les riverains se plaignirent. Alors on les enfouit, çà et là, dans les boues qui avoisinent le Fort-Lupin, jusqu'au 22 avril, et du 22 avril jusqu'au 18 août, dans les sables de l'*Ile d'Aix*.

En 1879 et 1880, des travaux de terrassement entrepris en vue d'élever les nouvelles batteries de la Poudrière et de Tridoux, amenèrent la découverte d'une grande quantité d'ossements, qu'on rejeta, pêle-mêle, dans les remblais jusqu'à ce que l'amiral Maudet, maire de l'île, en eut ordonné le transfert dans l'ossuaire placé sous l'église. Malheureusement, il est impossible d'être fixé sur l'identité de ces débris, l'île ayant servi à la sépulture des soldats et des galériens aussi bien que des prêtres déportés.

C'est aux prêtres eux-mêmes qu'incombait la rude corvée d'inhumer leurs confrères. Ils devaient souvent faire un long trajet de la barque jusqu'à terre, enfonçant sous leur fardeau, dans l'eau ou dans la boue. Parfois ils obtenaient de la pitié d'un paysan une brouette. Plus tard, la municipalité de l'île leur prêta des civières.

Ainsi les malheureux, arrivés, haletants, sous une chaleur torride, aux *Sables-du-Moulin*, déposaient sur la terre un, deux, trois, souvent quatre cadavres défigurés et méconnaissables. Ils s'armaient de la pelle et de la pioche, et, sous le regard d'impitoyables bourreaux, qui ne cessaient de les injurier pendant cette dure besogne, ils creusaient sans relâche, dans les sables brûlants.

Impossible aux prêtres ensevelisseurs de faire la moindre prière, le plus petit signe de religion sur la tombe de leurs frères. Ils devaient même arracher aux pauvres morts jusqu'au dernier lambeau de toile qui les enveloppait.

Une fois, pour avoir procédé trop hâtivement à l'inhumation, on faillit enterrer vivant le P. Imbert, vieillard de soixante-quinze ans, ancien Jésuite et vicaire apostolique de Moulins. Au moment de le descendre dans la fosse, on s'aperçut qu'il respirait encore ; mais il ne fut pas facile d'en faire convenir le caporal et les soldats, qui, sans doute pour s'éviter la peine de revenir, s'obstinaient à vouloir qu'on l'enterrât mort ou vif. On le remena aux vaisseaux, où il expira, deux jours après.

## A l'île Madame.

Cependant les deux chaloupes servant d'hôpitaux ne tardèrent pas à se trouver insuffisantes. Avec les chaleurs de l'été (1794), la mortalité avait pris des proportions effrayantes. Au commencement d'août, les capitaines reçurent l'ordre de descendre à terre les malades. Un hôpital devait être installé à l'*Ile Madame*, dont le nom venait d'être changé en celui d'*Ile Citoyenne*. On dresserait quatre tentes, assez vastes pour contenir chacune vingt-cinq malades ; des tentes de campement abriteraient, en outre, les soldats et les infirmiers.

Le 15 août, les prisonniers, à l'annonce de leur prochain débarquement, eurent une lueur d'espérance, et dans un élan de reconnaissance envers la Très Sainte Vierge, ils lui consacrèrent à la fois l'île et l'hôpital, qu'ils appelèrent *Sainte-Marie*.

Le débarquement s'effectua du 18 au 20, dans des circonstances on ne peut plus douloureuses. Ainsi, le 24, un rapport du médecin-major constate que sur 83 malades débarqués, 36 sont morts quelques heures après leur débarquement, « ce qu'on doit attribuer, dit-il, au manque de précautions prises pendant l'opération ».

Le même rapport, déposé aux Archives de la Marine, constate que le *Washington*, sur un effectif de 205 déportés, n'en a perdu que 20, tandis que les *Deux-Associés*, sur 497, en ont perdu 245. Il faut attribuer ce résultat « au système excessif de rigueur dont on ne discontinue pas d'user envers les déportés ». On voit quel succès avaient les « fumigations » du capitaine Lally !

Sans doute, continue le rapport du major, si ce système dangereux ou pour le moins inconsidéré n'avait d'autre inconvénient que de débarrasser la société de grands coupables, on pourrait fermer les yeux sur ce fléau destructeur;

mais on ne peut favoriser le développement d'une maladie contagieuse sans compromettre le reste de la société qu'elle peut atteindre.

Ainsi ce n'était point la compassion pour leurs victimes, mais seulement le souci de leur propre santé qui forçait les bourreaux à ces mesures d'humanité.

Sous la tente comme dans les chaloupes, les malades avaient à souffrir de l'incurie des médecins et de leur ignoble rapacité. Ils les voyaient faire main basse sur les dépouilles laissées par les morts et les empiler dans leurs malles pour aller les vendre à Rochefort.

Contre ces abus les infirmiers durent, à leurs risques et périls, élever la voix. Un jour, l'abbé *Arnaudeau,* diacre de Poitiers, qui devait survivre à la persécution, recevoir la prêtrise et laisser à la ville de Châtellerault une mémoire encore vénérée, interpella un de ces majors sans conscience :

— Monsieur, lui dit-il, venez-vous insulter à l'humanité souffrante ou porter des remèdes aux malades ?

Cet ecclésiastique courageux faillit payer de la vie ces paroles. Il fut mis aux fers, à fond de cale, avec recommandation aux geôliers d'épuiser sur lui tous les mauvais traitements.

Le sort des prêtres malades — bien

qu'il en ait péri, en deux mois, 254 — était cependant moins dur dans l'île Madame que sur les vaisseaux. Sous l'influence de la réaction thermidorienne, qui avait suivi la chute de Robespierre, leurs bourreaux parurent, un instant, s'humaniser. Les prisonniers purent se procurer, à prix d'or, quelques douceurs : de la viande fraîche, que leur apportait, chaque jour, le pourvoyeur Fournon, logé au fortin de la Passe-aux-Bœufs ; des fruits et du poisson, qui leur étaient fournis par les gens de la côte. Comparativement à l'enfer des pontons, l'île leur semblait un « paradis terrestre ».

Je crus renaître, écrit M. de Labiche, lorsqu'approchant du rivage, j'aperçus de la verdure, une haie, quelques arbres... Un papillon se montra... Je découvris plusieurs oiseaux ; je fus au comble de la joie.

Ils pouvaient faire quelques pas dans l'île, cueillir des mûres aux haies, de l'oseille sauvage et des crochets amers dans les prés ; à marée basse, ramasser, parmi les galets, des crabes, des moules, des escargots de mer... Ils pouvaient surtout prier à l'aise, chanter, s'édifier les uns les autres, sans entendre, comme sur les vaisseaux, les injures, menaces et blasphèmes de leurs gardiens ; se donner les derniers sacrements; baiser le petit crucifix que l'un d'eux avait taillé au couteau dans un morceau de buisson; répandre sur les tombes que la mort creusait tous les jours leurs larmes et leurs prières; enfin, respirer un air plus pur et jouir de la campagne et de la mer...

Malheureusement, ce ne fut qu'une éclaircie de courte durée, dix semaines au plus. Dès le commencement d'octobre, des rafales de pluie et de vent emportèrent les tentes et glacèrent les malades sur leurs grabats. La position devenait intenable. Une pétition rédigée par M. de la Romagère, vicaire général de Châlons, fut confiée à deux officiers, qui promirent de la porter au district. Ils reçurent pour cela chacun deux cents francs; mais ils gardèrent le papier et l'argent dans leurs poches. Finalement, le 30 octobre, l'hôpital Sainte-Marie fut fermé; les prêtres furent répartis sur trois vaisseaux : les malades sur l'*Indien*; les convalescents, sur les *Deux-Associés*; les plus valides, sur le *Washington*.

Mais leurs rangs s'étaient joliment éclaircis. Ils ne restaient plus que 280 répartis sur les trois vaisseaux, dont 114 malades. Avec les 40 demeurés à Rochefort, sur le *Bonhomme-Richard* ou à l'hôpital, cela faisait un effectif total de 320 survivants. Le commandant du port Chevillard avoue au Comité de salubrité navale que « la sévérité extrême que l'état-major a employée envers les déportés a peut-être contribué à leur donner du chagrin ». Savourez l'euphémisme. En conséquence, il ordonne aux officiers de se montrer désormais plus tolérants.

Lally s'est fait une âme neuve, à l'instar de son vaisseau, qui a été « gratté, parfumé, aéré ». Les convalescents ne reconnaissent plus le soudard grossier, haineux, qui les persécutait jadis, dans cet officier compatissant, presque aimable, auquel ils ont maintenant affaire. Gibert, lui, restera jusqu'à la fin intraitable et sans pitié, continuant de jeter aux fers, pour des riens, ses victimes. C'est au tour des bien portants, embarqués sur le *Washington,* à connaître les rigueurs extrêmes en usage naguère à bord des *Deux-Aosociés.*

Les trois vaisseaux ont remonté la Charente. Ils sont à l'ancre, maintenant, au milieu du fleuve, entre le Port-des-Barques et le Fort-Vaseux.

Les mois de novembre-décembre 1794 furent marqués par un froid rigoureux. La température descendit — ce qui est

presque inouï sur nos côtes — à 15 et
20 degrés au-dessous de zéro. C'est
alors que les souffrances que nous avons
décrites atteignirent leur suprême acuité.
Sur le *Washington*, la pénurie de vivres
reste absolue. Sur les *Deux-Associés*, des
paysans viennent vendre des choux, des
châtaignes, des pommes, et Lally ferme
les yeux... Les déportés qui sont à son
bord ont appris, secrètement, d'un sergent, qn'il y avait du nouveau en France,
depuis la chute de Robespierre. Ils commencent à recevoir du dehors des nouvelles, des douceurs, quelque argent.
Eux-mêmes sont autorisés à écrire à leurs
familles.

Chose étrange ! jusqu'alors les geôliers
ne s'étaient pas inquiétés de tenir à jour
le registre d'écrou et de noter les décès.
A quoi bon, puisque leurs prisonniers
étaient censés morts civilement ? Devant
les demandes de renseignements qui
arrivent de partout, et de personnages
influents qu'ils ont intérêt à ménager,
les voilà qui s'affolent, se hâtent d'établir
des listes en règle, en utilisant, faute de
mieux, les renseignements que veulent
bien leur fournir leurs victimes.

Enfin, l'arrivée à Rochefort, le 15 novembre, du représentant du peuple Blutel,
choisi parmi les modérés, produit un revi-

rement complet. La Société populaire, réorganisée, a pris pour devise : « Guerre aux terroristes ! paix à la vertu et justice pour tous ! » C'est alors que l'officier de marine Seguin et le protestant Elie Thomas écrivent à l'abbé Grégoire pour l'intéresser au sort des malheureux prêtres qui agonisent sur les pontons ; que, forçant toutes les consignes, grâce à de puissantes protections, une demoiselle d'Angoulême, sœur des deux Gilbert des Héris, déportés sur le *Washington*, et un M. Soudais, frère d'un prêtre de l'Yonne embarqué sur les *Deux-Associés*, peuvent à loisir visiter les vaisseaux, causer avec les prisonniers, leur passer des douceurs et leur faire espérer leur prochaine délivrance.

# Dernières souffrances.

## Premiers espoirs.

Le 27 décembre, une grande nouvelle courut sur les vaisseaux : trois navires entraient en rade, chargés de passagers qu'on disait être des prêtres. En un clin d'œil, tout le monde fut sur le pont. On entendit un bruit de cantiques, c'était le salut fraternel des arrivants à leurs infor-

tunés compagnons. On se héla d'un bord
à l'autre, on échangea des nouvelles.

Les nouveaux venus étaient des prêtres
expédiés, en vertu des décrets de déportation, à Bordeaux et à Blaye. Ils
avaient été quinze cents internés dans les
prisons de Bordeaux ou dans les casemates du fort du Hâ et de l'îlot le Pâté.
Eux aussi avaient beaucoup souffert de
la misère et de la faim. Eux aussi avaient
payé à la mort leur tribut, beaucoup moins
lourd cependant que celui de leurs confrères des pontons, car il en était mort
seulement 220.

Le directoire de la Gironde, embar-
rassé de ses prisonniers, avait pris le parti
d'en embarquer 630 sur trois négriers,
*le Gentil, le Dunkerque* et *le Républicain,*
qui devaient les conduire en Afrique.
Le départ de Bordeaux s'était effectué
le 6 décembre. Mais une tempête épou-
vantable, qui les assaillit au sortir de
l'estuaire de la Gironde, les avait obligés
de virer de bord et de rentrer dans la
Charente. Quand les prêtres girondins,
qui s'étaient crus les plus malheureux des
hommes, revirent, sans pouvoir reconnaître leurs parents, leurs amis, ce trou-
peau hâve d'ombres en guenilles, avec
les visages terreux, aux yeux hagards
ou éteints, et dont la misère comme une

lèpre avait fait tomber les cheveux et la barbe, ils éclatèrent en sanglots. Puis, comme ils n'avaient pas, eux, été fouillés et refouillés, ils purent faire profiter leurs malheureux confrères de ce qu'ils possédaient en argent, linge, habits, chaussures. La Providence réunissait tous les survivants de la déportation de l'an II, au nombre de 934, sur 2 335 des deux contingents de Rochefort et de Bordeaux.

A la fin de décembre 1794, il se fit, dans l'attitude des bourreaux envers leurs prisonniers, un changement sensible. Des hautes sphères politiques, aussi bien que de l'âme populaire, soufflait un vent de tolérance et d'apaisement. Au club qui se réunissait dans l'église des Capucins, à Rochefort, le 15, le capitaine Lally avait été conspué. On lui avait crié : « A bas le tueur de prêtres! » et il avait dû prendre la fuite, sous la menace des poignards et des pistolets.

La terreur des responsabilités encourues avait été, pour les deux féroces capitaines, le commencement d'une sagesse dont les déportés ne tardèrenpas à ressentir les heureux effets. On leur permettait maintenant de correspondre, sous pli cacheté, avec leurs familles, de recevoir les secours que des âmes compatissantes leur envoyaient. Ils avaient la liberté de prier, même à voix haute, et de réciter en commun le saint office, avec les deux bréviaires, restés intacts, que leurs bourreaux leur avaient obligeamment rendus. Et c'était, chez les plus farouches, des capitaines aux simples mousses, une émulation singulière à implorer de leurs victimes des certificats d'humanité, que celles-ci accordèrent avec une générosité héroïque, en veillant seulement à ce que les attestations ne fussent point par trop contraires à la vérité.

Enfin, sur la fin de janvier, on fit espérer aux prisonniers, qu'en exécution du décret de la Convention assurant la liberté des cultes, leur mise en liberté ne saurait tarder. Quelle joie à cette nouvelle! Leur long martyre allait donc prendre fin! Sans nul doute, la Très Sainte Vierge, à laquelle ils avaient consacré, le jour du 15 août, la motte de terre sanctifiée par leur agonie, leur apporterait, au jour de sa Purification, la délivrance... Vite, ils organisent une sorte de retraite. L'un d'eux, en de pieuses conférences, s'applique à leur parler sur les vertus sacerdotales, sur les devoirs de leur charge pastorale, sur les maux qu'ils auront à guérir dans leurs paroisses bouleversées par l'impiété...

Hélas! le 2 février se passa, et la délivrance ne vint pas encore. Le 5, cependant, tandis que les déportés venus de Bordeaux restaient en rade de Port-des-Barques, des 289 survivants du contingent de Rochefort, 50 bénéficiaient des premières mesures libératrices; les 239 autres quittaient les vaisseaux et, répartis sur trois goélettes, commençaient à remonter la Charente à destination de *Saintes,* où 4 d'entre eux allaient achever de mourir, ce qui réduirait l'effectif des libérables à 235.

# Séjour à Saintes.

Le trajet s'effectua par eau, jusqu'à *Tonnay-Charente;* ensuite à pied ou sur des charrettes de réquisition jusqu'à Saintes.

Quand nous mîmes pied à terre, écrit l'un d'eux, nous éprouvâmes tous un sentiment de surprise et de joie qu'il est impossible d'exprimer. Nos jambes, privées depuis si longtemps de leur exercice naturel, semblaient, pour ainsi dire, l'avoir oublié; nos corps, habitués à suivre le balancement du navire, continuaient à chanceler et à ne pouvoir se soutenir.

A *Saint-Porchaire*, les prisonniers furent logés dans l'église profanée ; ils durent coucher, sans paille ni couvertures, sur le pavé glacé. Les habitants mirent peu d'empressement à leur venir en aide, sauf un bon gendarme, qui força M. Bonore, chanoine de Périgueux, d'accepter sa chambre et son lit :

Il y a assez longtemps que vous couchez sur le bois, lui dit-il, je suis heureux de vous procurer cet adoucissement et, pour cette nuit, je dormirai sur le plancher : ne me refusez pas.

*Saintes*, au contraire, se montra envers les captifs d'une charité sans bornes et d'une délicatesse quasi maternelle. Toutes les relations l'attestent :

A peine eûmes-nous mis le pied dans la communauté de Notre-Dame (c'était le local qu'on leur assignait comme prison), que les citoyens de tous les états, de tout âge, de l'un et de l'autre sexe, s'y précipitèrent après nous, apportant à l'envi toutes sortes de secours en linge, vêtements, meubles, argent et comestibles de toute espèce. Ce fut une émulation de générosité et de charité dont il ne se vit jamais d'exemple. Je crus me retrouver à la naissance du christianisme. La maison ne désemplissait pas. C'était à qui nous rendrait quelque service à qui meublerait nos cellules, à qui emmènerait quelqu'un de nous en sa maison pour le sécher, le décrasser, le revêtir d'habits propres, le régaler de son mieux. (Labiche.).

M. Rainguet nous donne le secret de cette charité extraordinaire :

Elle fut, dit-il, excitée par la vue de M. du Pavillon, ancien grand vicaire de Saintes, si aimé, si chéri, si respecté et dans un état bien différent de celui où les habitants l'avaient connu naguère.

Bienfait encore plus précieux! Les prêtres furent autorisés à célébrer la messe dans leur prison et partout où on les en priait. Aussi, les sanctuaires se multiplièrent en ville et dans les campagnes environnantes; la présence des saints confesseurs fut une bénédiction pour ce pays de Saintonge.

## Fin de la première déportation.

La Convention, dès le 17 juillet 1794, avait admis le principe de la liberté du culte. Le 21 février 1795, elle accordait aux citoyens le droit de pratiquer publiquement leur religion, sans toutefois leur rendre les églises désaffectées et sans rétablir les traitements ecclésiastiques supprimés. Les prêtres condamnés naguère à la déportation pour refus de serment ou pour exercice illégal du culte ne pouvaient plus être traités en rebelles. Leur libération s'imposait.

Mais la Révolution ne se pressait pas de lâcher sa proie. A Paris, l'on affecta d'ignorer qu'il y avait encore près d'un millier de prêtres détenus à Rochefort ou à Saintes. Les prisonniers ne savaient à qui s'adresser pour obtenir leur libération. Heureusement un catholique rochefortais, leur ami dévoué, connaissait le beau-père du conventionnel Legendre, le triste héros du 14 juillet et l'un des membres influents du nouveau Comité de Salut public. Il se fit indiquer la marche à suivre. Un certain nombre de Bordelais tentèrent la chance et réussirent. D'autres les imitèrent, avec un égal succès. Puis, il y eut un brusque arrêt dans l'octroi de la faveur sollicitée. Les prisonniers girondins restés sur le *Gentil*, le *Dunkerque* et le *Républicain* attendirent avec patience. Le Jeudi-Saint, 2 avril 1795, ils furent autorisés à entendre la sainte messe, que célébra l'un d'entre eux avec, pour calice, un verre à boire et pour pierre de consécration les mains étendues d'un tout jeune prêtre ; et tous communièrent avec des hosties que leur avaient procurées, en ville, leurs gardiens.

Les libérations partielles continuèrent jusqu'au 12 avril, puis cessèrent tout à coup, sans que l'on sache pourquoi.

Il ne restait plus, à cette date, aucun prêtre du contingent de Rochefort, dans les prisons de Saintes ; mais il en restait encore du contingent de Bordeaux, 245, qui furent dirigés, 203 par terre, 42 par eau, vers *Brouage*, ville morte, dans un marais fangeux, où il n'y avait pour les recevoir ni médecins, ni remèdes, ni lits, ni paille. On les enferma dans l'ancien couvent des Récollets et dans l'église paroissiale, celle où fut baptisé Champlain. Ils y vécurent dans un absolu dénuement, manquant même de pain.

Cependant, leur situation était bien meilleure que sur les pontons. Ils jouissaient d'une liberté relative. On leur amenait des enfants à baptiser ; les gens venaient se faire marier par eux ; ils reçurent quelques honoraires de messes. On montre une grotte, au fond du jardin de l'ancien gouverneur, où, d'après une tradition pieusement conservée à Brouage, ils ont dû célébrer la messe. Sur les voûtes de la porte Nord de l'église, et dans les guérites des remparts, on trouve gravés dans la pierre, comme les graffites des Catacombes, des croix, des monogrammes du Christ, et quelques inscriptions qui sont sans doute la marque de leur passage.

On les oublia *onze mois!* Il en mourut 36, dont les corps reposent dans le petit cimetière de Brouage. Les 209 autres ne furent qu'à la fin de mars 1796 dirigés sur Saintes, pour y attendre leur libération.

Leur joie fut, hélas! de courte durée. A peine les survivants de ce long martyre étaient-ils rentrés dans leur foyers, accueillis avec un enthousiasme religieux par les populations restées fidèles, que la persécution recommençait; il leur fallait reprendre le chemin des prisons de la République, les uns pour y rester pendant *cinq ans*, les autres pour en sortir et se voir transporter dans les marais fétides et meurtriers de la Guyane. C'est la *seconde déportation,* celle du Directoire, qui jeta plus de onze cents prêtres dans les citadelles de Saint-Martin-de-Ré et du Château-d'Oléron.

# VERS LA BÉATIFICATION

## Ces confesseurs

## sont-ils des martyrs ?

L'Église appelle « martyrs consommés ou couronnés » ceux qui, remplissant par ailleurs les conditions de la cause formelle du martyre, c'est-à-dire la mort infligée en haine et acceptée par amour de la foi, sont trépassés dans les tourments, ou peu après ; ou encore ceux qui ont enduré des maux susceptibles, par eux-mêmes, de déterminer la mort.

Comme on le voit dans la vie de saint Callixte Ier Pape, l'Église donnait le nom de « martyrs » à ses enfants envoyés *ad metalla*, c'est-à-dire aux mines ou carrières, et dans sa liturgie elle avait une mention spéciale pour eux.

C'est dans cette dernière catégorie que se classent les 542 prêtres morts en rade de Rochefort ou à Saintes au cours des onze mois que dura la déportation de l'an II.

Les tourments qui leur furent infligés, en haine de la foi, forment une masse écrasante, auprès de laquelle la mort par la guillotine, le glaive ou la mitraille peut paraître une enviable délivrance. Le trépas fut, pour les uns, rapide et foudroyant, attestant ce que de tels supplices avaient en soi de mortel; pour d'autres, plus lent à venir, mais tout aussi certain. Fièvre typhoïde, dysenterie, tuberculose, lèpre hideuse contractée auprès des forçats ou dans la saleté immonde des pontons, autant de maladies différentes, mais toutes mortelles en soi, qui les achevèrent. La misère, le dénuement, les travaux pénibles, la malpropreté, les supplices, tous ces maux réunis furent l'atmosphère journalière de ces héroïques mourants.

Que tous n'en soient pas morts, que 285 aient pu survivre, sur un contingent de 840, c'est de quoi l'on pourrait s'étonner, si la chose ne s'expliquait assez par la résistance naturelle de certains tempéraments, ou les desseins de Dieu, qui voulut bien préserver les uns, pour être les chroniqueurs autorisés de ce martyre, les autres, après les avoir retrempés dans la douleur, pour travailler au relèvement de la France.

Cette mort lente et cruelle leur fut

infligée, il n'y a pas de doute, parce qu'ils étaient prêtres, et en haine de la foi.

Ils l'ont prévue et acceptée pour rester fidèles à Dieu, à l'Église et au Pape. Ils ont généreusement sacrifié leur vie pour défendre la liberté du culte en France et les droits de la hiérarchie catholique.

Cela ressort avec évidence de toute l'histoire de la persécution religieuse.

Pendant les années 1792-1793, les ecclésiastiques encombrent les prisons, leur masse grossit tous les jours. La guillotine n'est ni suffisante ni assez expéditive. D'autre part, il faut dissimuler l'odieux d'une exécution en masse. Le couperet de Samson, les bateaux à soupape de Carrier, les feux de file de Collot d'Herbois à Lyon inspirent la terreur, mais causent une indignation profonde. La déportation sur une côte lointaine et insalubre faisait disparaître ces obstacles. Le climat, les privations, les mauvais traitements remplaceraient avantageusement le bourreau.

Le 11 janvier 1793, le procureur général syndic du Lot écrit au procureur du district de Figeac :

Mettez tout en usage pour faire déporter les prêtres. Faites-les saisir et arrêter partout où ils seront, mais ne les dénoncez pas aux tribunaux. Cette mesure n'est pas aussi active que

la déportation. Elle produit le double inconvénient de traîner en longueur, en donnant de l'inquiétude au simple et au crédule, qui s'apitoie
sur le sort des prêtres, au lieu que la déportation produit un effet bien différent, car vous savez
que *le public ne prend plus d'intérêt au sort de ceux
qui souffrent loin de lui.* (Arch. du Lot, S. L. 112.)

Le 25 mai 1793, Dalborade, ministre
de la Marine, adressait au président de
la Convention un long projet sur l'installation des déportés à la Guyane :

On doit, écrit-il, calculer la mortalité, que
l'on suppose qui sera d'un cinquième pour deux
ans. Cela diminuera la dépense, puisque ceux
qui arriveront les derniers occuperont les appar-
tements vacants.

La mort de ceux que l'on déportait
était donc escomptée d'avance. Mais le
chiffre prévu par le ministre restait, volon-
tairement, bien au-dessous de la vérité.
Il était destiné à tromper le public. Le
ministère de la Marine n'ignorait pas le
désastre des derniers essais de colonisa-
tion, et le député protestant Lasource
pouvait dire à la tribune :

Faut-il vous rappeler que, sous Louis XV
(catastrophe de Kourou en 1763), 12 000 Français envoyés pour coloniser la Guyane y sont
morts de misère?

A la séance du 24 juillet 1793, Dela-
croix et Danton combattirent le projet

de déportation à la Guyane, jugeant cette
mesure dispendieuse pour le Trésor et
impossible, à cause du blocus de nos côtes
par la flotte anglaise. Ils proposaient, à
la place : l'un, l'internement des prêtres,
jusqu'à la paix, dans les châteaux forts ;
l'autre, leur déportation sur une plage
d'Italie, « patrie du fanatisme ». Robespierre monta à la tribune pour faire cette
déclaration :

La Convention a rendu un décret sage pour
éloigner du sol français la peste contagieuse
des prêtres fanatiques... Je demande l'exécution du décret.

La déportation à la Guyane inspirait
une terreur si justifiée que la loi du 12 germinal an IV l'ayant décrétée contre
plusieurs membres de la Convention, les
condamnés sollicitèrent, en échange,
comme une grâce, la peine de mort. Il
leur fut répondu textuellement :

La conversion d'une peine plus forte en une
peine moindre n'est pas au pouvoir du gouvernement.

Donc, de l'aveu des persécuteurs eux-
mêmes, en déportant les prêtres à la
Guyane, on leur infligeait une peine pire
que la mort. Et cette peine, on s'obstinait
à la leur infliger, bien qu'il fût démontré

qu'elle était préjudiciable aux finances de la République, et d'une difficile exécution, à cause des croisières anglaises.

Le 25 janvier 1794, le Comité de Salut public fixait enfin les ports d'embarquement : Bordeaux et Rochefort. Il n'était plus question d'un transfert à la Guyane. Les prêtres devaient être jetés sur la côte d'Afrique ou conduits à Madagascar. Il y avait encore hésitation.

Le 31 mars 1794, les conventionnels Guezno et Topsent, présents à Rochefort, écrivaient au Comité :

Citoyens, les prêtres condamnés à la déportation arrivent ici en foule. Nous voyons avec regret que leur transport à Madagascar sera très dispendieux, tant en subsistance qu'en approvisionnements, et que ces scélérats ne méritent pas tous les soins que la Convention se donne pour assurer leur arrivée dans ce lieu si fertile et si à proximité des possessions européennes. Nous croyons donc qu'il serait plus convenable, pour les cisconscrire dans leur état primitif, de les jeter sur les côtes de Barbarie, entre le cap Boudjurorum (Bogador, la plaisanterie était cruelle !) et le cap Blanc, pour faire pénitence parmi les Maures des crimes qu'ils ont commis contre le genre humain. Si vous approuvez cette mesure, citoyens collègues, invitez la Convention nationale à rapporter la partie du décret qui les envoie à Madagascar, et à ordonner qu'ils soient déportés au lieu que nous vous indiquons, comme étant le plus propre à *leur ôter tout espoir de reparaître sur la terre de la liberté.* Cette mesure aura aussi le mérite de cacher à nos ennemis les parages par lesquels cette expédition doit passer. (Arch. nat. A. F. II 172.)

Le but avéré des législateurs. était donc de faire disparaître les prêtres, de telle façon qu'il n'en revînt pas un seul pour reprocher ce crime à la République. Faute de bateaux, d'équipages et d'argent nécessaires, on ne put exécuter le décret dans toute sa teneur. Il fallut renoncer à déporter les prêtres à Madagascar. On se contenta de les acheminer vers Rochefort, *en laissant aux autorités locales le soin de s'en défaire comme elles pourraient.* L'ordre de gagner la haute mer ne fut jamais donné. Les prêtres furent condamnés à mourir entassés sur les pontons.

La Convention savait ce qu'elle faisait en acheminant ces prêtres vers Rochefort, la ville la plus révolutionnaire de France, et en remettant leur sort aux mains des autorités locales. Celles-ci, à leur tour, surent bien choisir leurs bourreaux. Le 24 mars 1794, le commandant d'armes écrivait au ministre de la Marine :

J'ai donné le commandement du navire *les Deux-Associés*, destiné à déporter les ecclésiastiques, au citoyen Lally. Cet officier, bon marin et d'un physique vigoureux, sera plus fait pour en imposer à ces prêtres.

Les livres du bord nous montrent l'esprit révolutionnaire de l'équipage. Ils portent encore les traces de l'impiété des marins et de la haine qu'ils avaient pour leurs passagers.

La haine du prêtre, commune à tous les sans-culottes, n'était rien autre, au fond, que *la haine de Dieu*. Le prêtre leur apparaissait comme un monstre, indigne de pitié :

Si vous étiez des animaux, disait aux déportés de passage à Cognac le commandant de gendarmerie, on pourrait avoir pitié de vous, mais comme vous êtes des monstres, vous ne méritez aucune compassion.

C'est pourquoi voler les prêtres, les injurier, les maltraiter était une bonne action; les dépouiller de leur or, de leur linge, de leurs vêtements, s'approprier une partie de leur maigre pitance et de la ration de vin que leur allouait le gouvernement, était faire acte de civisme. La mort d'un prêtre était saluée, comme une victoire, par le cri de : « Vive la République! », ou par cette réflexion : « C'est un scélérat de moins, réjouissons-nous! » Mousses et soldats criaient, par l'écoutille, aux malheureux enfermés dans

l'entrepont : « Crevez, mais crevez donc ! »
Ne pouvant les anéantir tous à la fois
par la mitraille, on se réjouissait de les
voir mourir, un à un, de misère et de
faim. On leur refusait tout adoucissement, tout remède, qui aurait pu prolonger leur vie.

Ce qui prouve que la haine qu'on leur
portait les visait bien en tant que prêtres,
et non pas à titre de « contre-révolu-
tionnaires », par exemple, c'est le raffinement satanique qui leur interdisait,
sous peine de mort, jusqu'à la prière
muette, s'exprimant par le signe de la
croix ou le simple mouvement des lèvres !
Et que dire des obscénités et des blasphèmes qu'accompagnait la découverte
d'un livre de piété, d'un bréviaire, aussitôt déchiré en mille morceaux ! Si ce
n'est pas là de la haine de Dieu, qu'est-ce
donc ?

Les officiers de santé eux-mêmes se
désintéressent des proscrits.

Il en meurt deux ou trois par jour, écrit l'un
d'eux. Loin de m'apitoyer sur leur sort, je
vous dirai que c'est bea ucoup plus la santé des
équipages qui fixe mon attention.

Dans un autre rapport, il est dit :

Si ce système dangereux ou au moins inconsidéré n'avait d'autre inconvénient que de

débarrasser la société de grands coupables, sans doute on pourrait fermer les yeux sur ce fléau dévastateur.

Il s'agissait du typhus, qui menaçait de gagner les équipages des autres vaisseaux et la population civile de Rochefort elle-même. Le commandant d'armes, Chevillard, dans une longue lettre du 29 août 1794, reconnaît qu'il serait peut-être bon d'adoucir un peu le sort des prisonniers, « quelque criminels qu'ils puissent être », à cause des risques de contagion.

Deux hommes de cœur, Seguin, officier de marine à bord de la frégate *la Gloire,* et le protestant Elie Thomas, négociant à Rochefort, ne purent s'empêcher d'adresser l'expression de leur indignation profonde au conventionnel Grégoire.

Le premier écrit :

Nous mouillâmes en rade de l'île d'Aix. Les *Deux-Associés,* capitaine Lally, et le *Washington,* capitaine Gibert, y étaient mouillés. Tels sont les noms de ces bastilles flottantes, de ces cachots aqueux, et ceux de leurs cruels geôliers qui se sont donné la barbare jouissance de disposer de la vie et des biens des malheureuses victimes qu'ils tenaient enfermées. O vous, infortunés habitants des rives de la Loire, sur qui le sanguinaire Carrier exerça des genres de supplices inconnus jusqu'à nos jours, vos âmes se brisèrent de douleur en voyant s'apprêter l'instrument de votre supplice et les approches de votre mort, mais au moins vos souffrances furent de courte durée et la perte de la vie mit fin à vos tourments. Ces monstres, qui commandent ces bâtiments que j'ai nommés ci-dessus, sont plus inhumains et plus barbares que Carrier.

Le second :

Il a été jeté dans ces deux bâtiments, tout à la fois fétides et flottants, 763 prêtres. *Sous prétexte de les déporter*, on les a tenus alternativement en rade et en rivière. 555 sont morts de misère... *Ces hommes sont bien coupables, sans doute, puisqu'ils ont été condamnés à la déportation;* mais j'ose dire que les privations de tout genre et l'extrême misère sous laquelle ils gémissent font partie intégrante du *système de sang* qui naguère opprimait la France entière.

Mais le témoignage le plus péremptoire est la confession du fameux capitaine Lally, rapportée par le D' Kemmerer :

Ces prêtres étaient rayés sur le livre de la République. *On m'avait dit de les faire mourir sans bruit dans le silence de l'Océan.* Je le faisais, moi. *Je les haïssais.* Nous avons tous notre mission ici-bas. *J'ai tué*, et je tuerais encore, si les circonstances l'exigeaient.

Donc, point de doute : les persécuteurs ont bien voulu la mort lente et sûre de leurs victimes entassées sur les pontons de Rochefort. Ils ont choisi, à cet effet, des bourreaux capables de comprendre, à demi-mot, les consignes, et de les exécuter froidement. L'ordre a été donné de faire mourir les prêtres, sans bruit, dans le silence de l'Océan. A tous les degrés de la hiérarchie révolutionnaire, depuis le conventionnel qui vote les lois de mort jusqu'au dernier mousse de l'équipage chargé d'en assurer l'exécution, nous surprenons la même *haine* impie, blasphématoire et homicide, haine aveugle, brutale et sans merci, qui poursuit dans le prêtre *le représentant de Dieu.*

Et les victimes de cette haine sont réellement des *martyrs!*

# Ce qui a été fait

## pour honorer ces martyrs.

Dès 1794, sur l'ordre de Pie VI, M. d'Auribeau, vicaire général de Dijon, réfugié à Rome, s'empressa de recueillir et de publier les actes des évêques, prêtres, religieux et religieuses, laïques de tout âge et de tout sexe, mis à mort pour la foi. Les survivants à la déportation, de leur côté, se firent un pieux devoir de raconter aux fidèles les souffrances, la résignation et la mort de leurs généreux confrères. Il existe, à l'heure présente, une vingtaine de ces relations, sans compter celles qui restent à découvrir dans les papiers de famille.

Des tentatives furent faites, à plusieurs reprises, par les évêques de La Rochelle (Mgr Paillou, en 1825; Mgr Landriot, en 1865; Mgr Thomas, un peu plus tard; Mgr Ardin, en 1889), pour honorer le souvenir des martyrs des pontons, préserver leurs sépultures de l'oubli en y dressant le signe de la croix et y conduisant les foules en pèlerinage. Toutes échouèrent contre des difficultés insurmontables.

En 1910 seulement, après qu'un catholique de Rochefort, M. Daunas, se fut porté acquéreur du bastion situé à l'entrée de la Passe-aux-Bœufs, et que M. Bret, curé de Saint-Nazaire, eut fait aménager en chapelle expiatoire la maisonnette où logeait, en 1794, le pourvoyeur Fournon, et dresser sur le terre-plein le monumental calvaire que l'on voit aujourd'hui, Mgr Eyssautier put présider le premier de ces pèlerinages qui se sont, depuis, succédé sans interruption, avec une assistance de 2 000 à 3 000 personnes.

Chaque année, un jour du mois d'août, parce que c'est dans ce mois que furent débarqués à l'île Madame les 254 prêtres qui devaient y mourir, les pèlerins vien-

nent assister à la messe, qui se dit en
plein air, sur un autel disposé au pied
du calvaire. Ils y entendent le récit des
souffrances et des héroïques vertus de
nos martyrs. Ils y prient pour l'Église
et pour la France. L'après-midi, l'on se
rend en procession, par un chemin pier-
reux que borde des deux côtés la mer
immense, au *cimetière des prêtres*, lande
déserte située à l'entrée de l'île Madame.
Là, groupés autour d'une croix des-
sinée sur le sol avec des galets, et qui
marque l'emplacement où furent décou-
verts quatre squelettes disposés, dans la
terre, en forme de croix, les pèlerins,
avant de se séparer, chantent le *Credo*,
la seule prière qui semble convenir en ce
lieu, puisque toute invocation, même à la
Reine des martyrs, pourrait être inter-
prétée comme une anticipation du jugement de l'Église.

Un tribunal ecclésiastique a été con-
stitué pour instruire le procès canonique
du martyre de ceux d'entre ces confesseurs dont on a la certitude, par le témoignage de leurs confrères survivants, qu'ils
sont morts dans les dispositions d'amour
de Dieu qui seules constituent le formel
du martyre, les souffrances, si grandes
qu'elles soient, n'en étant que l'élément
matériel, sans mérite par lui-même.

Au succès de cette cause sont plus spécialement intéressés quarante-neuf diocèses et vingt-six familles religieuses. Mais la France catholique tout entière attend, dans un ardent désir, et voudra hâter par ses prières l'heure choisie de Dieu pour la glorification de ces géants, sur lesquels a pesé trop longtemps la conspiration du silence et de l'oubli, et dont la mort, lente et affreuse, en même temps qu'elle fut le plus grand crime de la Révolution, reste une des plus belles pages de l'histoire du clergé, de la France chrétienne et de l'Église.

# PREMIER APPENDICE

## Les statistiques de la déportation

Distinguons deux déportations :

1° Celle de l'an II, sous la Convention (1793-1795).

2° Celle de fructidor, sous le Directoire (1797-1802).

### Première déportation.

Elle comprend deux groupes : celui de Bordeaux-Blaye et celui de Rochefort.

I. *Groupe de Bordeaux-Blaye.* — On évalue à 1 494 le nombre des ecclésiastiques internés, en qualité de « déportables », dans les huit geôles de Bordeaux et les deux de Blaye.

Sur ces 1 494, il en est mort 220 à Bordeaux ou à Blaye ; 630 ont été transférés à Rochefort, où ils sont arrivés, les 21-22 décembre 1794, sur trois vaisseaux. — De ces 630, il en est mort 46 : 5 à Port-des-Barques, dont les ossements reposent au Fort-Vaseux ; 5 à l'hôpital de Rochefort ; 36 à Brouage. — Soit un total de 266 décès sur les 1 494 du contingent de Bordeaux-Blaye-Rochefort-Brouage.

II. *Groupe de Rochefort.* — L'abbé Lequin, prêtre déporté de l'Allier, nous a laissé une statistique, reconnue exacte, des ecclésiastiques déportés à Rochefort. Il en compte, en tout, 827, dont 542 sont morts et 285 ont été libérés.

Dans cette liste, on ne fait naturellement pas état des 7 prêtres morts en route avant d'avoir rejoint Rochefort, et des 6 massacrés à La Rochelle les 21-22 mars 1793, tandis qu'on les acheminait vers Rochefort.

Le nombre total des déportés destinés à Rochefort serait donc de 840, dont 827 seulement parvinrent au terme de leur voyage.

Sur ces 827, il en est mort 542, à répartir ainsi qu'il suit : 33 à l'hôpital de Rochefort ; 231 en rade de l'île d'Aix ; 254 à l'île Madame ; 20 à Port-des-Barques et 4 à Saintes (et non 13, comme l'écrit l'abbé Michel).

Les 38 déportés morts à l'hôpital de Rochefort sont inhumés à Rochefort même ou au Vergeroux. Des 231 morts en rade de l'île d'Aix, 7 reposent au Fort-Lupin, ou dans les boues de la Charente, et 224 à l'île d'Aix. Les 254 morts à l'île Madame reposent au cimetière de cette île. Les sépultures à l'île Madame ont commencé vers le 18 août et ont duré jusqu'au 31 octobre 1794. Les 25 morts à Port-des-Barques sont enterrés au Fort-Vaseux.

Il resta du groupe de Rochefort 285 survivants, qui furent libérés : 2 à Port-des-Barques, 48 à Rochefort et 235 à Saintes.

III. *Les deux groupes réunis* forment un total de 2 334 déportés, dont 821 sont morts : 220, à Bordeaux et à Blaye ; 7, en route vers Rochefort ; 6, massacrés à La Rochelle ; 548, à Rochefort ; 4, à Saintes, au retour ; 36, à Brouage ; au total, 594 sur le territoire de la Charente-Inférieure et 227 en dehors.

La proportion des décès a été :

Pour le contingent total de Bordeaux, de 18 pour 100 à répartir en trois années.

Pour Brouage seulement, de 14 pour 100.

Pour le contingent de Rochefort, des 2/3, à répartir sur onze mois.

Cette énorme disproportion dans la mortalité montre que l'on ne saurait établir de comparaison entre les souffrances endurées, à Bordeaux, à Blaye ou à Brouage, par les déportés du premier groupe, et le véritable martyre subi par les déportés de Rochefort sur le *Washington* et les *Deux-Associés*.

Les précisions que nous venons de donner permettront de corriger de nombreuses erreurs d'évaluation qui subsistent encore dans tous les ouvrages traitant de la déportation de l'an II, erreurs dont la source première est dans les tables dressées, il y a quarante ans, par l'abbé Manseau.

## Seconde déportation.

Les ecclésiastiques atteints par la déportation de fructidor an V sont au nombre de 1401. Il en est mort 244. — 1 157 ont survécu.

Ils se divisent en quatre groupes :

1° Capturés en mer par les Anglais et libérés : 26.

2° *Déportés à la Guyane* : 265 ; morts : 154 ; survivants : 111.

3° *Déportés à Saint-Martin de Ré* : 920 ; morts : 71 ; survivants : 849.

4° *Déportés au Château d'Oléron* : 190 ; morts : 19 ; survivants : 171.

## Récapitulation.

*Première déportation* : 2 334; morts : 821; survivants : 1 513.

*Seconde déportation* : 1 401; morts : 244; survivants : 1 157.

Au total. Déportés : 3 735; morts : 1 065; survivants : 2 670.

Les statistiques ne peuvent être que générales.

Tout essai de répartition par diocèses et par départements, comme celui de l'abbé Lequin, par exemple, risque d'être erroné, vu que certains ecclésiastiques ont été arrêtés, puis frappés de déportation dans un département souvent très éloigné de leur lieu d'origine ou du diocèse de leur domicile.

# DEUXIÈME APPENDICE

## Seconde déportation sous le Directoire

### (1797-1802)

## Coup d'Etat de Fructidor.

A peine les derniers survivants des pontons étaient-ils retournés dans leur pays, impatients de mettre à profit pour le bien des âmes la liberté achetée par tant de souffrances, que la persécution recommençait.

Le 9 décembre 1795, le Directoire ordonnait à tous les commissaires nationaux d'appliquer avec rigueur tous les décrets portés par la Législative et la Convention contre les prêtres. Les fonctionnaires publics étaient avertis que les prêtres rentrés en France étaient non seulement frappés de bannissement perpétuel par la loi du 6 septembre 1795, mais encore passibles de mort, en application de la loi de germinal contre les émigrés. Cinq mois n'étaient pas écoulés, que déjà 18 prêtres étaient exécutés, dans l'Ouest. Le Directoire défendait tout ménagement, toute indulgence. Il recommandait avec instance à ses agents une surveil-

lance active, infatigable, contre les prêtres,
qu'il fallait « inquiéter le jour, troubler la nuit,
afin de désoler leur patience ». Les fonctionnaires
négligents dans cette poursuite seraient passibles
de deux années d'emprisonnement.

De plus, le Directoire imposait un nouveau
serment, celui de *haine à la royauté*, et, pour
arrêter le mouvement religieux déjà renaissant,
il faisait détruire les églises.

Et l'on reprit la chasse aux prêtres, comme
aux plus mauvais jours de la Terreur. Mais
cette fois, le peuple, surtout le peuple des
campagnes, ne marchait plus. Il avait assez de
la persécution religieuse, et, à chaque élection
nouvelle, l'opinion se prononçait plus ouver-
tement en faveur des idées de modération et
d'équité.

Sous l'influence de ce revirement, le Conseil
des Cinq-Cents, le 24 août 1797, abolit toutes
les lois tyranniques votées contre les prêtres.

C'est alors que trois directeurs, La Réveillère-
Lépeaux, Barras et Rewbel, tentèrent d'étouffer
cette réaction du bon sens et de la justice contre
le régime terroriste, par le *Coup d'Etat du
18 fructidor an V* (4 sept. 1797). Ils firent arrêter
leurs deux collègues modérés, Barthélemy et
Carnot, avec 63 députés ou personnages politiques, puis ils obtinrent de la minorité servile
des deux Conseils une loi de bannissement en
bloc contre les émigrés et les prêtres. Les prisons
s'emplirent aussitôt de proscrits, qui furent
dirigés, par départements, vers Rochefort, port
d'embarquement désigné pour la Guyane.

Ces déportés de fructidor furent principalement des prêtres venant du Midi de la
France, de la Savoie, de la région de l'Est et
de Belgique. On ne les avait pas eus sans peine,

les populations refusant de les livrer et s'ingé-
niant à rendre infructueuses toutes les recherches
de police. Lorsque passaient les misérables
convois de proscrits, marchant enchaînés ou
empilés sur des charrettes, on n'entendait plus
les clameurs et les insultes d'autrefois. La foule
les entourait de déférence et de sympathie ; on
la vit parfois essayer de les délivrer de force,
et les prêtres étaient alors obligés de protéger
contre elle les gendarmes de l'escorte.

## Dans les prisons de Rochefort.

A Rochefort, ils se trouvèrent bientôt entassés,
par centaines, dans les deux prisons de Saint-
Maurice et des Capucins, dénués de tout, mal
couchés, mal nourris, respirant un air vicié,
confondus avec des gens sans aveu, des galériens et des femmes. Les médecins chargés de
les visiter, deux fois par décade, les traitaient
durement et avec insolence.

Heureux ceux qui avaient la chance d'être
reconnus assez malades pour être évacués sur
l'hôpital de la marine ! Ils y trouvaient des
Sœurs de Saint Vincent de Paul, qu'on avait
maintenues et respectées, même dans les plus
mauvais jours de la Terreur. La supérieure,
Elisabeth Fournier, et le Sulpicien Croisettière,
qui avait réussi, pendant la Révolution, à rester,
sous le nom de Sœur Anne, dans cette maison,
assuraient aux prêtres malades tous les soins
corporels et spirituels.

Mais le nombre des déportés augmentait
sans cesse, et les prisons de Rochefort ne suffi-
saient plus à les contenir. Les autorités du port
adressèrent au Directoire des rapports pessi-

mistes, assurant que la situation des détenus était intolérable. Celui-ci leur fit répondre :

— Ils demandent plus d'espace. Soit ! nous les mettrons au large.

## Les déportés à la Guyane.

Le 14 frimaire (4 déc. 1797), le Directoire ordonnait que des dispositions fussent prises pour le transfert à la Guyane de tous les déportés.

Déjà, un premier convoi, composé de 16 proscrits, dont un prêtre (l'abbé Brotier, mathématicien, chanoine de Sens), parti de Rochefort le 30 septembre, sur la *Vaillante*, était arrivé le 11 novembre à Cayenne. Au printemps de 1798, d'autres convois se succédèrent. Le 21 mars, la *Charente* quitta Rochefort avec 193 proscrits : 38 déportés politiques, 155 prêtres ou religieux, dont 139 Français et 16 Belges. A peine sortie des passes de Ré et d'Oléron, elle rencontra une croisière anglaise, qui la prit en chasse, la laissant, après un combat acharné, hors d'état de faire le voyage. Il lui fallut regagner Rochefort. Les déportés passèrent à bord de ce vaisseau quatre semaines de supplice, où ils connurent la vie d'autrefois sur les pontons. Ils repartirent le 25 avril sur la *Décade*, capitaine Villeneau, un jacobin farouche, qui leur fit la vie très dure, pendant les quarante-six jours qu'il les eût à son bord. Le 11 juin, ils arrivaient en vue de Cayenne.

Six mois après, le 5 août, la *Vaillante* appareillait pour un second voyage, emmenant 53 proscrits : 26 prêtres, 25 galériens et 2 femmes. Un navire anglais l'attaqua et, après une brève canonnade, s'en empara. Les galériens furent jetés dans les prisons de Plymouth ; les 26 prêtres furent débarqués en Angleterre et mis en liberté.

Un convoi plus important (119 déportés, dont 109 prêtres) partait, à la même époque, sur la *Bayonnaise*. Le commandant Richer et son second, Pottier de la Houssaye, montrèrent aux prêtres une réelle bienveillance. Ceux-ci n'eurent à se plaindre que du commissaire du Directoire, grossier et obscène. Mais il y avait, parmi eux, des jureurs et des apostats, dont la haine poursuivait les prêtres fidèles et mettait à rude épreuve leur patience et leur charité. Les bons prêtres avaient pour chef et pour modèle M. Brumauld de Beauregard, vicaire général de Luçon, futur évêque d'Orléans. Ils se groupaient autour de lui, sur le bâtiment, comme ils l'avaient déjà fait dans les prisons de Rochefort. Il les exhortait aux grandes vertus, alors si nécessaires, et les entretenait dans la piété et la confiance en Dieu, par des exercices faits en commun. Ensemble ils récitaient chaque jour le bréviaire et faisaient à haute voix leurs prières du matin et du soir. On remarqua que les gens de l'équipage gardaient le silence et se découvraient par respect, pendant que les prêtres priaient. Huit prêtres étant morts pendant la traversée, leurs confrères purent célébrer publiquement leurs obsèques, et l'on vint leur demander les mêmes honneurs pour un matelot, mort après s'être confessé.

A l'arrivée de la *Bayonnaise* à Cayenne (5 octobre 1798), il y avait 256 prêtres répartis dans la colonie. Les plus favorisés, mais aussi les moins nombreux, furent reçus à l'hôpital de Cayenne et soignés par les Sœurs de Saint-Maurice de Chartres. Les autres furent distri-

bués entre les stations de Cayenne, Kourou,
Macouria, Approuage, Conanama et Sinnamary.
Leurs souffrances, dans ces deux derniers postes
surtout, furent inimaginables. Ils habitaient
des huttes recouvertes de feuillage, en plein
marécage, couchant sur le sol nu, dévorés par
les moustiques, au point que leur tête n'était
qu'une plaie et qu'ils avaient de la peine à se
reconnaître. Leurs jambes, leurs bras, et le
corps entier s'enflaient et se couvraient de pus-
tules. Les vers grouillaient sous les plaies. La
dysenterie les achevait. En deux ans, l'effectif
total de 328 déportés devait se réduire à 148,
par suite de 180 décès, dont 154 de prêtres,
soit une mortalité de 58 pour 100.

Si grandes que fussent leurs privations et
leurs souffrances, les prêtres relégués à la
Guyane eurent du moins une consolation refusée
naguère à leurs confrères des pontons de l'île
d'Aix. Ils purent, en grand secret, il est vrai,
célébrer la messe. Le recteur de l'Université
de Louvain, M. Havelange, avait apporté
avec lui tout ce qui était nécessaire pour le
Saint Sacrifice. Une chapelle secrète, qu'un
prêtre tenait fermée à clé, avait été établie
dans une case inoccupée. Des fidèles venaient,
en petits groupes, s'y confesser et communier.
Quand les prêtres ne pouvaient s'y rendre, on
leur portait, dans leur hutte, la sainte communion. La dernière année de leur séjour, on
y célébra ostensiblement la fête de Noël; les
messes, commencées à minuit, continuèrent
jusqu'à 9 heures du matin.

Le rappel des survivants se fit longtemps
attendre. Le Directoire garda sur eux, jusqu'à
sa chute, un profond silence. Ce n'est que le
24 avril 1800 que MM. Brumauld de Beaure-

gard et Moreau des Fourneaux durent à l'intervention d'amis influents d'être rapatriés les premiers. Encore leur fit-on payer, ainsi qu'à leurs confrères, un peu plus tard, le prix de la traversée, 750 francs par tête.

## Aux îles de Ré et d'Oléron.

La mésaventure arrivée à la *Vaillante*, capturée par les Anglais, obligea le Directoire de renoncer à diriger les proscrits vers la Guyane. On se contenta de les entasser dans les citadelles de Saint-Martin-de-Ré et du Château d'Oléron.

Cependant, la chasse aux prêtres continuait. Elle ne fut jamais interrompue, pas même après le coup d'Etat du 18 brumaire.

Le total des déportations du Directoire atteignit le chiffre de 1 643, dont 328 exilés à la Guyane, 1 064 détenus à Saint-Martin-de-Ré et 251 au Château-d'Oléron. L'immense majorité se composait de prêtres. On en compte : 265, pour la Guyane ; 920, pour l'île de Ré ; 190, pour l'île d'Oléron ; au total, 1 375, contre 268 laïques seulement.

Ces prêtres ne furent pas tous des confesseurs. Les motifs de la déportation étant d'ordre politique autant que religieux, on y avait englobé quantité de prêtres jureurs et apostats. Ils y étaient en proportion beaucoup plus forte que naguère, sur les pontons de l'île d'Aix. Tous les diocèses de France, ou à peu près, y étaient représentés. Mais le plus fort contingent (370) était fourni par la Belgique. Ils avaient parmi eux un évêque, M<sup>gr</sup> de Maillé de la Tour Landry, évêque de Saint-Papoul, nommé, plus tard, à l'évêché de Rennes, et plusieurs vicaires généraux : MM. Tronville, Hayes de la Sorière, Brumauld de Beauregard, Juge-Brassac, Cholleton, Guillet, etc.

La vie des 1110 prêtres détenus à Saint-Martin-de-Ré et au Château-d'Oléron fut, à tout prendre, moins atroce que celle de leurs malheureux confrères relégués à la Guyane. Elle n'en comportait pas moins de grandes souffrances. Les prisonniers, entassés dans des casemates humides, où l'espace leur était parcimonieusement mesuré, à peine vêtus, couchaient sans matelas et sans paille sur le plancher. La nourriture y était insuffisante et surtout détestable. Aussi, beaucoup tombèrent-ils malades et 90 moururent en l'espace de deux ans (71 à l'île de Ré, 19 à l'île d'Oléron). Il en aurait péri bien davantage, si la charité des habitants, touchés de leur misère, n'était venue à leur secours.

A toutes les souffrances physiques et matérielles, à la gêne continuelle et aux rigueurs administratives, s'ajoutait, pour les prêtres fidèles, l'indicible douleur d'être mêlés aux voleurs, aux assassins, aux soldats sans-culottes et même à quelques galériennes mal famées, dont on ne leur épargnait pas l'odieux voisinage. Que de choses ils étaient contraints de voir et d'entendre, qui ne pouvaient que répugner à leur dignité et à leur vertu !

Mais, au milieu de tant d'épreuves, et pour les aider à les bien supporter, les proscrits goûtaient une joie immense : celle de pouvoir se réunir pour prier. Ils avaient organisé entre eux des conférences de piété. Prières en commun, méditation, récitation du bréviaire, leçons de théologie, d'Ecriture Sainte et d'histoire ecclésiastique les occupaient aux diverses heures de la journée, tout comme jadis au Séminaire. Au bout de quelques semaines, ils parvinrent à se procurer des calices en terre cuite, en verre ou en étain, à se confectionner, avec la bure des forçats, des ornements sacerdotaux, et des pierres d'autel avec des ardoises, que consacrait l'évêque de Saint-Papoul : toutes reliques qui figurent, aujourd'hui, au Musée de l'évêché de La Rochelle. Alors, on dressa de modestes autels dans les combles, et chaque matin, de 5 heures à midi, les messes étaient célébrées à tour de rôle... Ils eurent même la consolation de pouvoir conserver secrètement la sainte Eucharistie, dans un petit oratoire dissimulé au fond d'un grenier, et d'y établir une sorte d'adoration perpétuelle.

Combien leur sort, si pénible qu'il fût, paraît enviable, auprès de celui des martyrs des pontons, qui ne pouvaient, eux, sans risquer la mort, remuer les lèvres pour la prière ni se signer !

Est-il besoin de dire que, à Ré comme à Oléron, les habitants, témoins de la foi de ces bons prêtres, de leur résignation et de leur patience, s'ingéniaient à leur procurer tout ce qui était nécessaire pour dire la messe. Il n'était pas jusqu'au commissaire, qui, trouvant son profit à leur vendre des cierges, ne fermât volontiers les yeux sur cette clandestine restauration du culte légalement interdit.

Pour soutenir et ranimer leur foi et leur courage, ces bons prêtres avaient organisé entre eux, et même au dehors, des Confréries du Sacré-Cœur, du Rosaire et du Saint-Sacrement. Des personnes de l'île avaient sollicité d'y être agrégées. L'un des déportés avait rédigé un petit opuscule, où étaient rangées, par ordre alphabétique, quelques maximes tirées des ouvrages

de saint François de Sales et de saint Vincent
de Paul et appropriées à leur situation. On en
avait fait plusieurs copies, que l'on se passait
avidement.

Cette situation dura jusqu'au 10 janvier 1800,
époque où un arrêté des Consuls supprima tous
les anciens serments, qui furent remplacés par
la simple promesse de fidélité à la Constitution
de l'an VIII. Dès lors, les décrets de libération
se succédèrent toute l'année 1801. Les derniers
scrupules au sujet de la légitimité du serment
ayant été levés, au printemps de 1802, par le
cardinal Caprara, les prêtres qui restaient à Ré
et à Oléron quittèrent ces deux îles, au moment
où, en exécution du Concordat signé l'année
précédente, entre le représentant du Pape et
le Premier Consul, les églises étaient légalement
rouvertes et rendues au culte (août 1802).

La seconde déportation (celle de fructidor)
avait duré exactement cinq ans. Elle avait
atteint 1 375 prêtres, dont 244 étaient morts
de misère et des mauvais traitements.

## Y a-t-il lieu d'espérer la béatification, comme Martyrs, des prêtres victimes de la seconde déportation ?

Sans vouloir enlever tout espoir pour l'avenir,
constatons que la question présente, actuellement, de réelles difficultés.

1° Sauf pour les prêtres morts à Sinnamary
et à Conanama, il paraît difficile d'établir
que les souffrances endurées par les déportés
du Directoire réunissent toutes les conditions

requises pour la matérialité du martyre, savoir une accumulation de tourments tels qu'ils devaient infailliblement engendrer la mort, à bref délai, en des organismes sains et normalement constitués. C'est un fait que la mortalité n'atteignit, en cinq ans, que 15,2 pour 100 pour les déportés de Ré et d'Oléron, et 58 pour 100 pour les déportés à la Guyane, alors que pour ceux des pontons de l'île d'Aix, elle fut, en onze mois seulement, des deux tiers.

2° La discrimination sera difficile à faire entre les déportés, d'abord, vu le grand nombre de jureurs et d'apostats mêlés aux confesseurs, puis, entre les motifs, les uns d'ordre religieux, les autres d'ordre politique, qui ont pu amener leur bannissement.

3° Enfin, le peu de renseignements individuels que nous trouvons dans les relations des survivants ne permet que pour un petit nombre de prêtres, nommément connus et sûrs, la preuve juridique de leur persévérance jusqu'à la mort dans les sentiments qui sont la condition formelle du martyre.

Selon l'issue que rencontrera le procès canonique des prêtres de la première déportation de Rochefort, on verra plus tard ce qu'il est possible de faire pour ceux que le Directoire envoya mourir dans les marécages de la Guyane. En ne choisissant que les plus méritants, ceux sur lesquels on possède des renseignements très précis, établissant qu'ils réunissent toutes les conditions matérielles et formelles du martyre, peut-être trouvera-t-on matière à un nouveau procès canonique, complément de celui des martyrs des pontons. Nous le souhaitons de tout notre cœur, heureux si Dieu nous permet de le pouvoir préparer.

8

# TROISIÈME APPENDICE

## Sources d'information

Pour les six prêtres vendéens massacrés à La Rochelle, les 21-22 mars 1793, tous les détails de cet horrible drame se trouvent dans la relation qu'en a donnée M. Lemonnier (*Archives historiques de Saintonge et d'Aunis,* n° du 1ᵉʳ août 1912), d'après le dossier conservé aux Archives départementales de la Charente-Inférieure. Un résumé de cette étude a paru dans le *Bulletin religieux,* numéros du 3 août 1912 et des 12-19 janvier 1924. La matérialité juridique du martyre ressort clairement des faits eux-mêmes. Il n'y aura plus qu'à établir la preuve de la cause formelle.

Quant aux victimes des pontons, on connaît tous les détails de leur long martyre par des témoignages de première main, que nous partageons en deux catégories : ceux des agents de la déportation ; ceux des déportés et de leurs amis.

## Témoignages des agents de la déportation.

Ce sont :

1° Les membres de l'Assemblée législative et de la Convention qui ont proposé, discuté et voté les lois de la déportation, et dont le *Moniteur universel* conserve les procès-verbaux ;

2° Les représentants en mission à Rochefort, les autorités civiles du département de la Charente-Inférieure, du district et de la ville de Rochefort ;

3° Les autorités maritimes : ministres de la Marine, agents du ministère, autorités préposées au port de Rochefort, commandant d'armes, officiers de vaisseaux, médecins et commissaires, officiers, marins et soldats des équipages des trois pontons : Les *Deux-Associés*, le *Washington* et l'*Indien*. Leurs ordres, leur correspondance, leurs procès-verbaux, les listes de décès établies par leurs soins ;

4° Les civils : négociants, ouvriers, fournisseurs, etc.

Le chiffre de tous ces témoins dépasse 200.

Tous leurs témoignages ont été recueillis par M. Lemonnier, et publiés dans son grand ouvrage : *La Déportation ecclésiastique à Rochefort (1794-1795), d'après les documents officiels*. Imprimerie Noël Texier 1916.

## *Témoignages des déportés*
### *et de leurs amis.*

Vu l'importance capitale de ces derniers témoignages, nous allons les produire dans l'ordre même où ils ont été fournis :

*1794. Lettres attribuées à Nicolas Parisot*, Lazariste, mort le 14 août 1794. Elles sont datées : l'une de Fontainebleau, le 2 mai, l'autre de Rochefort, le 26 mai, et relatent les

étapes suivies par le détachement des douze
prêtres de la Meurthe dont il faisait partie.
L'auteur de ces lettres est un résigné, plein de
confiance : « Nous nous soumettons volontiers,
et nous sommes contents de notre sort. »

*1794-1795. Pièce de vers latins,* composée
à bord du *Washington,* par Claude Dumonet,
principal du collège de Mâcon, mort le 13 septembre 1794, et inhumé à l'île Madame. Ce
précieux document a été complété et retouché
par Antoine Lequin, déporté de l'Allier, qui l'a
daté de Saintes, 30 mars 1795, jour de sa libération.

C'est une pièce de 150 vers hexamètres, intitulée : « Description des maux qu'ont soufferts
les prêtres du département de l'Allier, ainsi que
ceux de plusieurs autres départements, condamnés, contre toutes les lois, à la déportation,
ou plutôt à la mort, sur la fin de l'an de grâce
1793 et au commencement de 1794. »

Elle est l'œuvre d'un véritable humaniste et
d'un prêtre à l'âme toute surnaturelle. L'auteur
y peint, avec de vives couleurs, et dans un
admirable raccourci, la geôle et les geôliers,
les bourreaux et les victimes. Il y prédit la victoire prochaine de la religion sur toutes les
forces du mal déchaînées pour l'anéantir :
« Soyez apaisé, ô Dieu infiniment saint, à la
vue du long et cruel martyre que nous avons
souffert ! Justice sévère de mon Dieu, justice
infiniment adorable et que nous ne connaissions
pas, soyez aussi apaisée par ce grand nombre
de victimes immolées pour vous satisfaire !... »

Antoine Lequin, qui a retouché et traduit
l'œuvre de Claude Dumonet, la fait précéder
d'une préface où il exalte, en termes dithyram-

biques, la charité compatissante des habitants de Saintes.

*1794. Lettre de Ph. Seguin,* officier de marine à bord de la frégate *la Gloire,* en rade de l'île d'Aix, adressée au conventionnel Grégoire, pour lui dénoncer les horribles supplices dont il a été témoin (5 déc.).

Ecrite dans le style amphigourique de l'époque, cette lettre est le cri de révolte d'un honnête homme contre des actes de barbarie qui dépassent, dit-il, ceux de Couthon à Lyon et de Carrier à Nantes : « Abus d'autorité, mépris des lois, cruautés inouïes, libertinage scandaleux, vols manifestes faits à la République, tels sont les faits qui crient vengeance et que tout citoyen vertueux doit s'empresser de faire connaître. » Il demande qu'on interroge les états-majors et les équipages des bâtiments stationnés dans la rade et qui en peuvent dire long sur ce qui se passe dans les deux « cachots aqueux » soumis à l'autorité des capitaines Gibert et Lally.

*1794-1795. Cinq lettres de Thomas Elie,* négociant à Rochefort, adressées au même conventionnel Grégoire, pour l'apitoyer sur les souffrances des malheureux déportés (19 et 25 déc. 1794, 30 av. et 16 juil. 1795).

Celui-ci est un protestant, de famille protestante, et qui a eu beaucoup à souffrir, autrefois, du clergé catholique, mais, dit-il, « tous les ressentiments disparaissent devant la justice et l'humanité ». Or, il y a encore à Rochefort, dans ces « cachots fétides et flottants » qu'on nomme les *Deux-Associés* et le *Washington,* 228 prêtres, seuls restants des 763 qu'on y

a enfermés. « Ces hommes sont bien coupables,
sans doute, puisqu'ils ont été condamnés à la
déportation », mais on a dépassé envers eux
la mesure de sévérité permise. Fouillés et
refouillés sans raison, ils ont eu à subir d'odieux
traitements, faisant partie « du système de
sang qui naguère opprimait la France entière ».
Il est temps que cela cesse. Déjà, grâce à l'arrivée en Charente-Inférieure « d'un dieu tutélaire » (le représentant Blutel), leur situation
s'est améliorée. Il faut les libérer tous et les
renvoyer dans leurs communes d'origine. N'ont-
ils pas suffisamment expié leurs erreurs, par le
sort qui leur a été fait depuis dix-huit mois ? —
Grégoire entendit ces doléances. Le 8 décembre,
il intervenait à la Convention, en faveur des
malheureux déportés, par quelques paroles
courageuses que terminait cette déclaration :
« Je demande qu'enfin le règne de la tyrannie
et de la persécution finisse. »

*1794. Récit de la visite faite par M^lle des Héris
aux déportés.* — M^lle Rose-Françoise Gilbert
des Héris avait deux frères déportés : Jean-
Gilbert des Héris, chanoine d'Angoulême, et
Jean-Elie Gilbert des Héris, curé du Grand-
Autel, au même diocèse. En fin décembre 1794,
elle vint à Rochefort, munie de toutes les
autorisations nécessaires et accompagnée de
deux citoyens très dévoués. On lui permit
de visiter l'*Indien*, le *Washington* et les *Deux-
Associés*, à la recherche de ses frères, dont l'un
était mort trois mois auparavant et l'autre dans
un état de prostration effrayant. Elle put causer
avec les déportés, leur procurer quelques fruits.
Elle passa une nuit sur le *Washington*, mangeant
à la table des officiers. Gibert lui avoua qu'il

avait ordre, pour le cas où les vaisseaux auraient
pris la mer, de fusiller tous les déportés, à la
vue du premier navire anglais qui aurait fait
mine de les attaquer. Quant au capitaine Boivin,
de l'*Indien*, il ne savait que répéter : « Les jours
de votre frère étaient comptés, citoyenne... »
M^{lle} des Héris n'obtint la libération de son
second frère qu'en mars 1795. La pieuse fille
mourut en odeur de sainteté, le 6 janvier 1840,
et c'est dans sa biographie, écrite par l'abbé
Michon, en 1841, qu'a paru le récit, écrit par
elle quarante-six ans auparavant, de sa visite
à Rochefort.

*1795. Histoire secrète des événements de la
ville de Saintes*, par M. Marillet, avocat au
présidial de Saintes, volumineux manuscrit,
encore inédit, où l'auteur a consigné jour par
jour les événements. Il note les arrivages de
prêtres à destination de Rochefort, en 1793,
et le retour des rares survivants des pontons,
au nombre de 251, en février 1795. Il en dresse
soigneusement la liste et nous livre ses impres-
sions. Il nous dépeint l'état misérable de ces
rescapés, revêtus de haillons et mangés par les
poux, le revirement subit du citoyen Lériget,
agent national du district, l'embarras de la
municipalité, les soins empressés des habitants,
que les confesseurs remercient par deux chan-
sons sur un air de romance ; il nous cite les personnes qui ont hébergé des prêtres et leur ont
facilité les moyens de dire la messe ; raconte
les démarches faites pour leur libération et les
difficultés pratiques qui retardèrent leur retour
dans leurs foyers. Détail particulier : l'arrestation, à Meschers, sur la dénonciation du
notaire Moreau et de plusieurs femmes, à qui

il avait fait faire leurs Pâques, de l'abbé Pierre Jamin, prêtre de l'Allier, ancien déporté des *Deux-Associés*, qui venait d'être libéré à Saintes deux mois auparavant.

*1795. Lettre du chanoine Perret, de Mâcon,* embarqué sur le *Washington*, libéré à Saintes, le 24 février 1795. Datée du 19 mai 1795 et adressée à M..., à Saint-Maurice-en-Valois, cette lettre a paru dans les Mémoires de M. d'Hesmiry d'Auribeau, vicaire général de Digne, rédigés par ordre du Pape Pie VI et publiés à Rome en 1795.

L'auteur nous fait suivre le convoi des prêtres de Saône-et-Loire, depuis Mâcon, Autun (où les enfants s'amusent à leur enfoncer des aiguilles dans les jambes), Chalon, Tournus, Cluny, Charolles, Digoin et Bourbon (où ils furent débarrassés de leurs chaînes, car ils avaient été conduits jusque-là liés trois par trois par le cou, comme des esclaves), jusqu'à Rochefort. Il raconte brièvement leur embarquement sur le *Washington*, la fouille barbare pratiquée sur eux, la lecture des consignes, avec force injures et menaces, la première nuit dans l'entrepont ; puis, après avoir résumé en quelques lignes leur séjour sur cette « prison flottante », il annonce une « nouvelle épître », où il aura « beaucoup de belles choses à dire sur le compte des habitants de la ville de Saintes ».

*1796. Relation de M. Labiche de Reignefort.* — Pierre-Grégoire Labiche de Reignefort, chanoine de Saint-Martial de Limoges, déporté avec son frère, Gaucher-Marcel († le 26 juillet 1794 et inhumé à l'île d'Aix), avait, après sa libération, repris du ministère à Limoges.

Obligé de se cacher, il employa les loisirs de sa retraite à écrire une relation détaillée des souffrances de ses compagnons. Publiée en 1796, à Paris, chez Leclerc, rééditée en 1801, avec de précieux appendices contenant 86 notices nécrologiques, cette relation, la plus importante de toutes celles qui nous sont parvenues, a été souvent publiée depuis. L'auteur est mort, le 8 septembre 1831, archidiacre de Limoges, vénéré de tous pour sa science et sa vertu.

L'auteur déclare avoir rédigé son récit sans prétention, simplement pour rendre témoignage à la vérité. Il n'a aucune animosité contre les auteurs des souffrances qu'il raconte. « Empêché, lorsqu'il composa sa relation, de conférer avec ses confrères de la déportation, il en a depuis consulté un grand nombre, ce qui l'a mis à même de rectifier plusieurs faits racontés d'une manière inexacte, et d'en ajouter beaucoup d'autres, précédemment omis. » On l'a appelé, non sans raison, « l'historiographe de la déportation ».

Partis de Limoges en février 1794, 40 prêtres de la Haute-Vienne arrivèrent à Rochefort huit jours après, étant passés par La Rochefoucauld, Angoulême, Jarnac, Cognac et Mauzé. On les enferma, 30 aux Capucins, avec des galériens, et 10 à Saint-Maurice. Ils y retrouvèrent 39 de leurs compatriotes, qui les y avaient précédés, et furent embarqués, les uns sur les *Deux-Associés*, les autres sur le *Washington*. Labiche raconte les fouilles minutieuses dont ils ont été l'objet, à la prison Saint-Maurice et à leur arrivée sur le *Washington* ; les continuels dénis de justice, les vols et mauvais traitements ; la mort du chanoine Roulhac, fusillé pour un soi-disant propos séditieux. Il décrit

longuement les souffrances des déportés sur le
pont et dans l'entrepont le manque de vie
intellectuelle et spirituelle qui les plonge dans
une sorte d'abrutissement, les travaux pénibles,
les humiliations, la saleté, la nourriture dégoû-
tante, la faim et le froid, les horribles nuits de
l'entrepont, les fumigations au goudron ; l'épidémie de scorbut, qui obligea d'aménager deux
chaloupes pour les malades, la lente agonie des
mourants dans ces hôpitaux flottants, les corvées
d'enterrement à l'île d'Aix, la création d'une
ambulance à l'île Madame ; le rembarquement
des survivants sur les vaisseaux désinfectés ; le
rude hiver de 1794-1795 ; l'évacuation sur
Saintes et la libération. Labiche, comme tous
ses confrères, rend un magnifique hommage à la
générosité des Saintais.

Il fait remarquer la valeur apologétique des
souffrances des martyrs de la déportation, rappelant le mot de Pascal : « J'en crois des témoins
qui se font égorger », et citant deux protestantes
de Jarnac que cette démonstration a converties.

Enfin, il donne, dans quatre appéndices :
*a)* des notices sur 86 prêtres morts à la déportation ; *b)* le texte des résolutions prises par les
prêtres prisonniers à bord des *Deux-Associés*,
dès les premiers temps de leur détention ;
*c)* les couplets composés par le P. Imbert sur
l'air de la « Marseillaise », et la pièce de vers
latins composée par Dumonet, revue et traduite
par Lequin ; *d)* deux pages de « l'Histoire eccle-
siastique de Fleury » sur la persécution d'Hu-
néric, roi des Vandales, pour montrer que les pro-
cédés des persécuteurs sont toujours les mêmes.

*1796. Journal de la déportation des ecclésias-
tiques de la Meurthe*, par Jean Michel. — L'au-

teur, né en 1768, n'était que diacre au moment
où il fut arrêté à Nancy et conduit à Rochefort.
Il survécut à la déportation, devint professeur
et supérieur du Grand Séminaire de Nancy
pendant vingt-quatre ans, puis archiprêtre de la
cathédrale, et mourut le 9 octobre 1842, âgé
de soixante-quatorze ans. Son *Journal* fut écrit
et publié en 1796, chez la veuve Vivot, à
Bruyères. Une seconde édition en fut faite en
1840.

L'auteur lui donne comme exergue ce texte
des Macchabées : « Mourir, plutôt que d'en-
freindre les lois de Dieu qui nous sont trans-
mises par nos pères. » Il déclare, dans un avant-
propos, que s'il a pris la plume, c'est moins
pour faire le récit de leurs souffrances que
pour « manifester les opérations de la grâce,
dont ses confrères et lui ont été les instruments », et que, « sans s'écarter jamais de la
plus exacte vérité, il s'abstiendra de raconter
ce qu'il ne tiendrait que des autres, se renfer-
mant uniquement dans ce qu'il peut assurer
comme témoin oculaire ».

Le 25 mars 1794, un gendarme vient lire
aux prêtres détenus au couvent des Grandes-
Carmélites la lettre du ministre ordonnant leur
déportation à Rochefort, afin de « purger la
France du fanatisme religieux ». Cette nouvelle
les comble de joie : « L'habitude que nous
nous étions formée, depuis plus d'un an, de ne
trouver dans les maux que nous souffrions que
des moyens plus efficaces d'expier nos fautes,
de nous rapprocher davantage de notre divin
Modèle et de lui donner de plus en plus des
preuves de notre attachement à sa foi..., puis
les raisons par lesquelles on prétendait justifier
l'arrêt de notre exil, nous étaient de puissants

motifs de consolation. » Ils quittent Nancy, le
1ᵉʳ avril, au nombre de 48, dans quatre charrettes. Au passage de la Moselle, la foule
ameutée menace de les jeter à l'eau. Dans tous
les bourgs qu'ils traversent, ils sont insultés.
Les femmes surtout leur témoignent une haine
féroce. L'une d'elles se précipite sur eux avec
un couteau. Ils traversent ainsi Toul, Vaucouleurs, Gondrecourt, Joinville, Brienne, Troyes
(où la populace hurle des cris de mort), Sens
(nouvelles huées), Fontainebleau (où l'un des
charretiers, qui les avait grossièrement insultés,
reçoit un coup de pied de cheval en pleine figure),
Pithiviers, Orléans, Beaugency. A partir de
là ils vont en bateau, sur la Loire, jusqu'à
Tours, où ils passent les fêtes de Pâques en
prison et sans pain. Puis le voyage reprend, en
charrettes, à travers Châtellerault, Poitiers (où
ils sont fouillés à fond pour la troisième fois),
Lusignan, Niort — où ils pensèrent être massacrés par une populace en délire, — Surgères
et Rochefort, où ils arrivent enfin le 28 avril. On
les entasse, à fond de cale, sur le *Bonhomme-
Richard*, et ils y restent trois jours. Puis ils
sont promenés, pendant un jour et demi, dans
la rade, jusqu'à ce qu'on ait forcé le capitaine
des *Deux-Associés* à leur faire de la place sur
son vaisseau, déjà archiplein. Ils sont de nouveau fouillés et refouillés. Epouvante que leur
cause, en arrivant, le spectacle de ceux qui les
ont précédés sur ce vaisseau. Ils sont témoins
de la mort de Roulhac, de la crise du P. Coudert.
« On voulait notre perte, et l'on ne cherchait
que les occasions de la couvrir d'un prétexte
spécieux, qui pût en diminuer l'atrocité. »
Longue description de l'entassement de l'entrepont, de la chaleur étouffante des nuits, de

l'atroce douleur causée par les fumigations. L'auteur parle ensuite des malades manquant de tout, du dévouement des infirmiers, de la résignation des mourants — toute une belle page à citer — et des secours spirituels qui leur sont prodigués (l'absolution et les saintes Huiles). Il parle de la façon dont on enterrait les morts, puis fait une longue description de la vie sur le pont : nourriture, occupations, corvées, châtiments, impossibilité de prier et de converser, fouilles incessantes, difficultés pour les soins de propreté et la barbe. Il décrit les conditions du séjour des malades à l'île Madame, le rembarquement des survivants — cette fois, l'abbé Michel se trouve sur le *Washington,* — le rôle joué par les prêtres jureurs et mariés, les rigueurs de l'hiver de 1794-1795, le changement d'attitude de leurs geôliers, après la réaction thermidorienne, la réception faite à Lally par le club de Rochefort, les certificats sollicités par les bourreaux de leurs victimes, à qui l'on fait mine de restituer leurs effets. Puis, c'est l'arrivée des 630 prêtres de Bordeaux et de Blaye, les premières libérations, l'évacuation des survivants sur Saintes, par Tonnay-Charente et Saint-Porchaire, l'arrivée à Saintes, l'internement aux Filles de Notre-Dame, l'empressement des habitants à secourir les déportés, la facilité qui leur est accordée de célébrer la messe dans les maisons particulières, la libération et le retour à Nancy, par Poitiers — où ils réclamèrent en vain ce qui leur avait été pris.

Sur 48 ecclésiastiques envoyés du département de la Meurthe à Rochefort, 38 sont morts — Michel en donne la liste, — 10 seulement ont été rapatriés, dont les trois jureurs, qui, loin de donner aucun signe de religion, s'appliquaient à railler leurs confrères quand en secret ils les voyaient dire leurs prières.

*1796. Récit abrégé* des souffrances de 800 ecclésiastiques français, condamnés à la déportation et détenus à bord des vaisseaux en rade de Rochefort, 1794-1795; de la mort du plus grand nombre d'entre eux; de la translation des autres à Saintes pour y être reclus, et de leur bonne réception et délivrance en cette ville, par un curé de Paris, que Dieu a daigné associer à ces ecclésiastiques persécutés et qu'il a délivré avec ceux qui ont survécu à la persécution... « Ils ont passé par bien des tribulations et ils sont demeurés fidèles. » (Judith, VIII, 23.)

L'auteur de ce récit est M. Marie-Philippe Bottin, né à Guirlain (Manche), le 5 février 1751, chapelain de Saint-Jean-l'Évangéliste, à Saint-Germain-l'Auxerrois, Paris, puis curé de Lagny (Seine-et-Oise). Condamné à la déportation comme réfractaire, il fut embarqué sur le *Washington*. Libéré à Saintes, il revint dans ses foyers et fit paraître, en 1796, chez Grapart, à Paris, son « récit abrégé », dans le but, dit-il, « d'édifier quelques amis et de leur faire bénir Dieu qui donne la patience et la consolation ».

Rien de particulier sur les incidents de la route, sauf le récit de la réception faite aux prêtres de l'Allier à Limoges. L'auteur prend les déportés au moment de leur embarquement sur les *Deux-Associés* et le *Washington*, et s'attache à décrire la vie que l'on menait sur les pontons, après que l'on avait été soumis à la fouille rigoureuse. Situation des déportés pendant le jour et pendant la nuit; leur nourriture ; les injures et mauvais traitements ; les maladies ; leur action bienfaisante sur les constitutionnels ; la mort du plus grand nombre ; l'installation à l'île Madame ; le séjour en rade de Port-des-Barques ; le transfert à Saintes ; la libération.

Récit fort abrégé, où l'on ne trouve rien qui ne soit déjà et bien plus amplement raconté dans Labiche et Michel. L'auteur ne dit rien, notamment, d'un trait tout à fait à son honneur, qui marqua son passage à Mauzé : la remise à la Municipalité, pour les pauvres de la commune, de 800 livres et de sa montre en or, et la réflexion du maire (raconté par H. Charlier, dans les *Annales catholiques*, en 1796).

*1796. Mémoire sur la persécution exercée contre les prêtres déportés à Rochefort*, publié dans le « Bulletin de la Société d'Emulation des Côtes-du-Nord », en 1911, par M. l'abbé Lemasson, qui l'attribue à Antoine-Jean Besson, déporté à Rochefort et mort, le 1ᵉʳ janvier 1813, chanoine titulaire et chancelier de l'évêché de Saint-Brieuc.

L'auteur dit son but, qui est de « mettre sous les yeux le tableau des cruautés inouïes exercées contre des malheureux qui n'avaient d'autre crime que leur inviolable attachement à la religion dont ils étaient les ministres ; inspirer pour l'affreux terroriste (Robespierre), artisan de tous nos maux et fléau de la patrie, toute l'horreur qu'il mérite ».

Il donne ensuite la liste des 26 prêtres du département des Côtes-du-Nord (7 du diocèse de Quimper, 3 du diocèse de Tréguier, 5 du diocèse de Saint-Malo et 11 du diocèse de Saint-Brieuc).

Il nous les montre partant, le 18 mars 1794,

au milieu des adieux touchants de la population de Saint-Brieuc, traversant Lamballe et Rennes, arrivant à Nantes, où on leur lit une lettre du district des Côtes-du-Nord à celui de la Loire-Inférieure, demandant que « toutes mesures soient prises pour que les scélérats n'échappassent pas à la peine qu'ils méritaient ». C'était clairement les recommander à la cruauté bien connue de Carrier. Copieusement insultés au Tribunal révolutionnaire, ils s'entendent dire qu'on va en finir avec eux; conduits à la Loire, au milieu d'une populace ameutée, qui s'attend à les voir tous jeter « dans la grande tasse », on les fait monter sur un vaisseau, qui avait à bord les prêtres de Nevers; puis, la place manquant, ils sont transférés sur une galiote hollandaise où on leur vole consciencieusement les provisions que des personnes charitables essayent de leur faire passer. A Saint-Nazaire, on les divise : les prêtres de Nevers sont dirigés sur Brest, ceux de la Savoie sur Lorient et ceux des Côtes-du-Nord sur Rochefort, où, après un mois de tranquillité relative, ils sont embarqués sur les *Deux-Associés*. Là commence leur martyre.

La description qu'en donne l'abbé Besson, dans un style fleuri, semé de souvenirs classiques, n'a ni l'ampleur ni la précision des deux relations-types, celle de M. Labiche et celle de M. Michel. Les traits principaux s'y retrouvent cependant, et l'on peut suivre toutes les phases de la déportation jusqu'à l'évacuation sur Saintes et la libération. Des 26 prêtres des Côtes-du-Nord, il n'en reste plus que 10.

*1796. Récit des traitements subis, pendant dix mois, en rade de l'île d'Aix, par les prêtres con-*

*damnés à être déportés à la Guyane*, par Jacques Maugras, curé de Saulxures (Haute-Marne), manuscrit actuellement en la possession de M. Gossot, à Sens, imprimé dans le Recueil de R. Péponnet (Desclée).

L'auteur avait trente-sept ans quand il fut arrêté comme prêtre réfractaire et condamné à la déportation. Comme on le reconduisait à la prison de Troyes, en passant sur un pont, il entendit les cris de détresse d'un homme qui se noyait. Il se jeta à l'eau et le sauva. La foule réclama sa liberté, mais une voix ayant fait remarquer que le sauveteur était un prêtre réfractaire, il fut réintégré dans le convoi des prisonniers et dirigé sur Rochefort. Après la déportation, il revint dans sa paroisse de Saulxures et mourut le 4 novembre 1840, âgé de quatre-vingt-cinq ans.

Le récit, assez court, prend les déportés à Saintes, le 28 mars 1794, pour les conduire, en six jours, à Rochefort. Là, ils sont reçus sur le *Boréc* et jetés à fond de cale avec les galeux. Un général vient les visiter, pour les traiter de « coquins, infâmes, race de Belzébuth », et leur dire qu' « il faut une vertu plus qu'humaine pour les laisser vivre ». Ils passent ensuite sur les *Deux-Associés*, où, malgré les fouilles les plus minutieuses, ils ont réussi à conserver les Hosties consacrées, les saintes Huiles et une relique de la vraie Croix. Après une courte description de la vie sur ce vaisseau, l'auteur relate le transfert des survivants à Saintes et termine par une apostrophe lyrique à la foi et à la charité des habitants de cette ville.

*1797. Martyre des prêtres français déportés en rade de l'île d'Aix*, par l'abbé Pierre-Joseph

Rousseau, déporté de la Somme, mort à Amiens en odeur de sainteté, le 18 juin 1800, âgé de trente-six ans. Son récit a paru pour la première fois, en 1803, à Paris, chez Le Clerc.

Il raconte que, partis onze d'Amiens, en passant par Beauvais, Châtellerault, Poitiers, Niort, ils sont arrivés à Rochefort, ont été embarqués sur le *Bonhomme-Richard*, puis sur les *Deux-Associés*. Il fait, de la vie des déportés sur ce vaisseau, une longue description, qui concorde, jusque dans les moindres détails, avec ce que nous ont dit déjà Labiche, Michel et Besson. Il s'étend particulièrement sur l'installation des chaloupes-hôpitaux, où il servit comme infirmier, et sur le séjour à l'île Madame.

1797. *Journal de la déportation*, de l'abbé Claude Rollet, curé de Saint-Etienne, à Bar-le-Duc, arrêté comme réfractaire et enfermé au couvent des Annonciades, à Epinal, puis dirigé sur Rochefort. Après la déportation, il revint à Bar-le-Duc, où il mourut archiprêtre de la cathédrale, le 8 avril 1836. Le manuscrit autographe de son journal, rédigé sous forme de lettres, a été publié par la *Semaine religieuse* de Saint-Dié.

L'auteur entreprend d'écrire juste au moment où paraît le décret du 3 brumaire an VI (27 oct. 1797), qui condamne les prêtres rentrés dans leurs paroisses à une nouvelle déportation. Les lignes par lesquelles débute le récit sont révélatrices des nobles sentiments qui animaient ces âmes sacerdotales, en face de la persécution renaissante : « S'il ne faut plus, pour rendre la France heureuse, que lui sacrifier le reste de vie que nous avions rapporté dans nos foyers, elle nous trouvera toujours prêts à lui rendre ce dernier service. Nous avons appris à souffrir : nous saurons mourir, si c'est la volonté du divin Maître, et pardonner à nos ennemis, que nous ne regarderons jamais que comme des instruments dont la Providence se sert pour accomplir ses impénétrables desseins. »

Après cette courte déclaration, digne des martyrs de la primitive Eglise, l'auteur raconte les douloureuses étapes des ecclésiastiques de la Meuse, Mirecourt, Bar-sur-Aube, Troyes, Orléans, Tours, Poitiers, etc., pour rejoindre Rochefort. C'est un itinéraire bien connu. Rollet ne peut que redire ce que nous avons déjà lu dans Michel, Maugras et Rousseau. Il fut embarqué sur le *Washington,* et nous avons, grâce à lui, une description minutieuse de ce vaisseau et de la vie des déportés à son bord. Infirmier bénévole, il eut l'occasion de connaître les chaloupes-hôpitaux, l'ambulance de l'île Madame et le vaisseau *l'Indien,* sur lequel il acheva sa déportation. Aussi donne-t-il, sur la façon dont étaient soignés les malades, des précisions intéressantes. Son récit s'achève brusquement sur les inhumations à l'île d'Aix, soit qu'il ne l'ait pas terminé, soit que les derniers feuillets se soient perdus.

*1803. Relation du martyre des prêtres du département de l'Yonne...* par Michel-François Soudais, curé de Beugnon, qui fut deux fois déporté, et deux fois retourna dans sa paroisse, qu'il administra jusqu'à sa mort, en 1843, ayant refusé tous les postes élevés que lui offraient ses supérieurs. Son manuscrit a été publié intégralement en 1866-1867 dans la Revue diocésaine de Sens.

Soudais prend les quinze déportés de l'Yonne
à leur départ de la prison d'Auxerre et les
conduit à Rochefort par l'itinéraire que nous
savons : Joigny, Sens, Montargis, Bellegarde,
Orléans, Blois, Tours, Châtellerault, Poitiers,
Niort et Surgères. A Auxerre, ils n'étaient occupés que de la pensée de leur mort prochaine,
quand on vint leur lire la sentence qui les con-
damnait à la déportation « pour n'avoir pas
fait les serments exigés par l'Assemblée ou les
avoir rétractés, être suspects d'incivisme et
dénoncés ». A Bellegarde, un inconnu leur dit
en les embrassant : « Vos ennemis ne savent
pas ce qu'ils font, mais Dieu a de grands
desseins sur vous et sur la France. » A Orléans,
ils reçoivent l'ordre de partir, en vertu d'un
arrêté disant qu' « il faut se hâter de débarrasser la ville de ces monstres, qui ne peuvent
que la corrompre ». A Tours, ils sont émus de
la situation lamentable des prisonniers vendéens,
parmi lesquels sont des femmes avec leurs
enfants à la mamelle. De Poitiers, ils gardent,
comme tous ceux qui y sont passés, le plus triste
souvenir. En revanche, ils reçoivent des marques
de sympathie d'un bon gendarme, qui les escor-
tera jusqu'à Rochefort. Là, ils sont embarqués
sur le *Washington*, dont Soüdais nous fait une
abondante et pittoresque description. Il fait
cette remarque intéressante que tout ce qu'il
y a d'honnête en France a frémi d'horreur, au
récit des noyades de Nantes, tandis que les
malheureuses victimes des pontons de Rochefort ont péri sans éclat. « Leur supplice, tout
aussi réel et bien plus long, a été enseveli dans
l'obscurité, leurs soupirs ont été étouffés, afin
qu'ils paraissent être morts de maladie naturelle,
et la France, peu instruite des combats de

ces généreux *martyrs*, plus philosophiquement détruits, n'a pas rendu à leur mémoire toute la justice et toute la gloire qu'ils méritaient. » Ces lignes, que l'on croirait écrites aujourd'hui, sont de 1803 ! Soudais a noté encore plusieurs détails qui ne se trouvent pas dans les relations précédentes : par exemple, la façon dont ils apprirent, de la bouche d'un sergent, à l'île d'Aix, la chute de Robespierre ; les collectes faites par les villes de Saint-Jean-d'Angély, Angoulême, Orléans, pour leur venir en aide, lors de leur rapatriement, etc. Sa relation va de pair, pour la contribution qu'elle apporte à l'histoire de la déportation, avec celles de Labiche, de Michel et de Besson.

*1815. Lettres à un ami,* sur la captivité des prêtres détenus sur les vaisseaux, en rade de l'île d'Aix, par Pierre Santigny, curé de Lucy-le-Bois, diocèse de Sens, mort archiprêtre d'Avallon, en 1838, auréolé de la réputation d'un saint. Son manuscrit n'a vu le jour qu'en 1912.

Santigny est, comme Soudais, un prêtre de l'Yonne. Ses cinq lettres donnent un abrégé assez pâle des souffrances endurées sur les pontons. Il en faut cependant retenir ce trait sur les atroces douleurs causées aux déportés par les fumigations matinales au goudron : « La toux que la fumée nous occasionnait nous faisait faire de si grands efforts, que tous nos pores s'ouvraient, et nous étions couverts d'une sueur abondante, quelquefois d'une sueur de sang. Ce tourment est celui qui m'a été le plus cruel. Pour le diminuer, je me voilais la figure avec mon mouchoir, fermant la bouche et retenant mon haleine le plus que je pouvais. » Pendant ce temps, ils entendaient leurs bourreaux leur crier, par l'écoutille : « Crevez donc, mâtins, crevez ! »

*1815. Mémoires* de Mᵍʳ Legroing de La Romagère, Mathias, vicaire général et archidiacre de Châlons, déporté à bord des *Deux-Associés*, avec son frère Pierre-Joseph, vicaire général et archidiacre de Bourges, mort le 26 juillet 1794 et enterré à l'île d'Aix. Mathias, libéré à Saintes, fut fait évêque de Saint-Brieuc, sous la Restauration (1819-1841). Ses mémoires, restés longtemps inédits, ont été publiés en 1927 par les soins de l'évêché de Saint-Brieuc.

M. de La Romagère n'écrit pas pour édifier, mais pour dire l'exacte vérité sur tout ce dont il a été témoin, ayant vécu tour à tour sur le *Bonhomme-Richard*, le *Borée*, les *Deux-Associés*, *l'Indien* et le *Washington*. A côté des traits d'héroïsme, il met les faiblesses et les ombres. Les détails pittoresques abondent dans son récit.

Il nous parle du fameux Léonard, curé jureur de Marennes, jouant du violon, sur le pont, pour faire danser les matelots et se concilier la faveur des officiers ; puis, quand il n'eut plus d'espoir, se rétractant avant de mourir ; du Capucin Gréard, gardien du couvent de Rochefort, terreur de ses confrères, qui le soupçonnaient, non sans raison, de les dénoncer, pour se faire bien voir ; d'un certain curé de Clermont (probablement en Argonne), qui faillit, par sa lâche dénonciation, faire fusiller le chanoine d'Arfeuille, de Reims. On pouvait donc s'attendre à tout de la part de certains prêtres jureurs, pour qui le contact des prêtres fidèles était un reproche constant, et qui s'en vengeaient en leur rendant la vie encore plus pénible. Il y avait aussi des confrères grossiers, bougonneurs, mal avisés, qu'il fallait reprendre. De là, quelques discussions, qui faisaient dire malignement aux matelots et aux soldats : « Ces gueux de prêtres se querellent sans cesse et pratiquent bien mal la charité qu'ils prêchent toujours au peuple. » M. de La Romagère a bien fait de ne pas nous cacher ces misères. Elles n'en font que mieux ressortir les vertus des vrais « confesseurs ». Les souffrances du corps, observe notre chroniqueur, n'étaient rien en comparaison de ces peines-là, et la religion seule pouvait les faire endurer patiemment.

Il nous dépeint l'hypocrite douceur du capitaine du *Borée*, qui a toujours la larme à l'œil, au moment où il se dispose à dépouiller ses victimes ; l'ignoble rapacité des chirurgiens, volant sans pudeur les malades qu'ils ont mission de soigner ; la férocité froide de Gibert ; celle plus débraillée de Lally ; leur platitude envers leurs victimes, dont ils sollicitent des certificats de complaisance, quand ils craignent d'avoir à rendre compte de leurs cruautés. La Romagère ne lâche ces bandits que pour flageller les constitutionnels, prompts aux courbettes, dans l'espoir de la libération, et les « charitains », qui ne savent pas se dérober par un refus énergique aux sollicitations intéressées de leurs bourreaux. Il faut voir avec quel humour il conte l'embarras de ce prêtre jureur de Verdun, Nicolas, qui, craignant la mort et désireux de recevoir l'absolution, mais sans être obligé à se rétracter, se heurte aux hésitations et aux réticences de ses bons amis les constitutionnels.

En revanche, les traits édifiants ne manquent pas dans ces Mémoires. C'est l'histoire touchante des deux frères Ravette, de Rouen, qui s'aimaient d'une telle tendresse que d'avoir été séparés par un raffinement de cruauté du capitaine Gibert, les fit mourir de chagrin, à peu d'intervalle l'un de l'autre ; la macabre aventure de ce prêtre de Limoges, Londoneix, qui, cherchant dans l'enchevêtrement des corps une place où se coucher, repoussé de partout, finit par s'étendre en travers sur deux confrères, qui ne protestèrent point et le laissèrent dormir tranquille jusqu'au matin. Au réveil, il regarda ses deux voisins qui l'avaient si bien accueilli, et s'aperçut qu'ils étaient morts ! Il y a aussi la mort édifiante du propre frère de M. de La Romagère ; celle de l'abbé Papon, de l'Allier, qui avait réussi à conserver sur lui des Hosties consacrées et les divisa en parcelles pour en communier tous les mourants ; celle du Fr. Elie, de Septfonds, qui avait soigné avec un dévouement admirable ses confrères, avant de partager leur sort.

M. de La Romagère nous apprend que les sacrements (Pénitence, Eucharistie, Extrême-Onction) furent administrés sans interruption sur les pontons, et que la hiérarchie ecclésiastique y fut toujours respectée, M. de Souzy, vicaire général de La Rochelle, exerçant les pouvoirs de l'Ordinaire qu'il transmit, avant de mourir, au plus ancien vicaire général, à charge pour celui-ci de les transmettre à un autre, et ainsi de suite, par rang d'ancienneté.

L'auteur nous renseigne mieux que personne sur ce supplice des fers, qu'il subit, quarante deux heures de suite, en compagnie de seize de ses confrères, qui avaient tous un pied serré « dans un anneau de fer gros comme le pouce », les anneaux étant fixés à une barre rigide, et

les prisonniers ayant en outre les mains atta-
chées deux à deux. Il relate, enfin, l'innocente
gaieté par laquelle on s'efforçait de tromper les
jours d'attente, les paris engagés, dont l'enjeu
était un quarteron de pommes, et les accès
d'hilarité que provoquaient les extravagances
du pauvre Proust, un maniaque embarqué sur
les *Deux-Associés*.

Les *Mémoires* de M. de La Romagère complètent heureusement, sans les contredire, les
autres relations.

*1815. Récit de la déportation* de Claude
Masson, né à Tantoville, diocèse de Nancy,
directeur du collège de Toul quand éclata
la persécution. Il fit partie du contingent des
déportés de la Meurthe et embarqué sur les
*Deux-Associés*. Après sa libération, il revint
à Tantoville, occupa successivement plusieurs
postes, dont celui de supérieur du Grand Séminaire de Nancy, et mourut le 28 août 1837.
Il publia, en 1815, un *Manuel d'éducation chrétienne,* sorte de cours d'apologétique sous forme
dialoguée, dans lequel il inséra le récit de sa
déportation.

La relation de Masson fait nettement ressortir
ces deux points : 1° Que les « émotions populaires » qui marquaient le passage des prêtres
déportés dans presque toutes les villes étaient
préparées d'avance et fomentées par des agi-
tateurs qui essayaient de porter la multitude
aux dernières extrémités contre eux. « C'était
toujours à notre arrivée que la foule était sou-
levée et furibonde ; à peine étions-nous logés au
milieu d'elle, qu'elle rentrait dans le calme, et
souvent nous lisions la compassion dans les
yeux qui avaient d'abord paru égarés par

l'emportement. Jamais nous n'avons reçu d'invectives du public pendant notre séjour, ni à notre départ. » — 2° Que l'internement des prêtres sur les pontons de Rochefort, en laissant croire qu'ils étaient destinés à être transportés en pays étranger, était un moyen sûr de les torturer à l'aise et de les faire mourir à petit feu, sans que cela parût et que l'on s'en doutât.

Personne n'a décrit avec plus d'exactitude et un réalisme plus poignant que Masson l'entassement des corps dans l'entrepont, où l'on était « tellement serrés les uns contre les autres, que tous ne formaient qu'une masse de chair continue, et qu'il eût été impossible de glisser le bras entre deux corps voisins ».

Il nous parle des dix prêtres mis aux fers pour s'être abstenus de toucher à un plat, où les vers grouillaient, et d'un pauvre chanoine paralytique, condamné au même supplice, où du reste il trouva la mort, pour n'être pas sorti de sa geôle nocturne. A propos des mourants, que l'on jetait tous les jours dans les charniers qualifiés de « chaloupes-hôpitaux », il a cette belle image : « Nous étions là comme sur un autel d'holocauste dressé par la Providence au milieu des flots, pour la consommation parfaite du sacrifice. » Nous lui devons également ce trait : « Nous souffrions non seulement avec paix, mais avec goût, et nous mourions avec délices. » De la mort du P. Sébastien (François), Capucin, rapportée en trois lignes par Labiche, il trace le tableau délicieux que nous avons précédemment cité.

*1817. Lettre de Simon Guilloreau,* curé de Saint-Rémy-du-Plain, diocèse du Mans, à

M. d'Hesmivy d'Auribeau, qui l'avait sollicité d'écrire le récit de sa déportation.

Son manuscrit, longtemps égaré, tomba enfin entre les mains de M. Barrande, sous-précepteur du comte de Chambord, qui le confia à dom Piolin, Bénédictin de Solesmes, pour le publier.

L'auteur subit les deux déportations. Son récit est court et ne renferme à peu près rien d'inédit. Il y a même quelques inexactitudes.

*1819. Lettre de M. Pone,* prêtre domicilié à Chantegrue, déporté à Rochefort, en réponse à M. l'abbé de Chaffoy, désirant écrire l'histoire des Martyrs et des Confesseurs de la foi du diocèse de Besançon.

L'auteur se contente d'envoyer à son correspondant la relation de Labiche de Reignefort, en l'accompagnant d'un avant-propos et d'un *post-scriptum.*

*Suppliques de quelques prêtres,* adressées au cardinal Caprara pour solliciter leur réhabilitation ou la validation de leur mariage. — Le souvenir terrifiant qu'ils ont gardé de la déportation est un témoignage à joindre à tous ceux que nous avons déjà.

*1828. Relation de M. Duchazeaud,* chanoine de Périgueux, publiée intégralement en 1903, par M. l'abbé Mayjonade sous ce titre : « Le Martyrologe de la Révolution dans le diocèse de Périgueux. »

Cette relation fut écrite à une époque où les survivants de la déportation étaient encore assez nombreux pour déposer sur ce dont ils avaient été les témoins et les victimes. Elle est pour nous le procès-verbal exact d'une enquête sérieuse.

M. Duchazeaud commence par donner l'état, en 1789, de deux diocèses de Périgueux et de Sarlat. Il nous fait assister à la marche progressive de la persécution : lois de déportation, arrestation de prêtres fidèles, déportation de soixante d'entre eux, en trois convois, sur les vaisseaux. Documenté par un de ces déportés, M. Dugrézeau, l'abbé Duchazeaud raconte par le menu leur voyage de Périgueux à Rochefort, leur embarquement sur le *Bonhomme-Richard*, puis sur le *Washington*. Il insiste sur le singulier mélange que l'on voit sur les vaisseaux de prêtres fidèles et de « prêtres jureurs, mariés, apostats, égorgeurs, membres de comités révolutionnaires et affublés de bonnets rouges ». Il nous décrit l'attitude de ces derniers, leurs plaintes, leurs blasphèmes, leur désespoir, contrastant avec la calme sérénité des confesseurs, la vie des déportés dans l'entrepont et sur le pont... Après avoir dit l'accueil fait par les Saintais aux confesseurs et la libération des survivants, il traite des prêtres exilés en Espagne et termine son étude par une série de notices sur tous les prêtres du Périgord victimes de la Révolution.

*1830. Précis historique de la déportation à Rochefort des prêtres du département de la Moselle.* — L'auteur est Nicolas-Jean Thibiat, né à Vic, chapelain à Chambley, diocèse de Metz, embarqué sur le *Washington*, libéré à Saintes, et mort en 1832 vicaire général de Metz.

Son récit prend les 33 ecclésiastiques déportés de la Moselle et leur départ de Metz, le 16 mai 1794, et les suit jusqu'à Rochefort, en marquant les étapes bien connues : Pont-à-Mousson, Toul, Vaucouleurs, Joinville, Dommartin,

Brienne, Troyes, Villeneuve-l'Archevêque, Sens, Montargis, Bellegarde, Orléans, Beaugency, Blois, Amboise, Tours, Châtellerault, Poitiers (avec l'inévitable fouille), Lusignan, Saint-Maixent, Niort et Surgères. Arrivés à Rochefort le 15 juin, ils furent embarqués sur le *Bonhomme-Richard*, puis sur le *Washington*. L'abbé Thibiat fait une longue description du vaisseau et de la vie des déportés à bord, il narre le séjour à l'île Madame, l'embarquement sur l'*Indien*, l'hiver passé en rade, le voyage à Saintes et la libération. Rien de particulièrement saillant dans son récit, qui répète et confirme des faits bien connus.

Ce « Précis » est resté inédit. M. l'abbé Dorvaux, directeur au Grand Séminaire, en avait commencé la publication dans la « Revue ecclésiastique du diocèse de Metz ». Il l'a interrompue, on ne sait pourquoi. Il s'est contenté d'enrichir le texte de Thibiat de notes et de commentaires, et de le faire suivre de diverses relations concernant les prêtres internés à Metz ou déportés à la Guyane.

*Relation des souffrances endurées par les prêtres du diocèse de Limoges déportés à Rochefort*, par le chanoine Jean-Baptiste Chamblet de la Couture, mort en 1832 curé-doyen du Dorat. Son manuscrit, tout entier écrit de sa main, en 16 pages petit in-4°, fut trouvé en 1921 dans les papiers de la famille Robert, du Dorat. M. l'abbé Joseph Biossac l'a publié en 1925, dans une brochure intitulée « Les Prêtres du Dorat Martyrs et Confesseurs de la foi pendant la Révolution française ». Librairie Surenaud, Le Dorat, 1925.

La relation de Chamblet est en concordance

parfaite avec celle de son confrère Labiche de Reignefort, dont elle ne paraît cependant pas inspirée. Elle est d'ailleurs beaucoup plus courte et ne donne que peu de détails. Mais tout y est précis et révèle un témoin bien informé.

*1868. Souvenirs de Lally et de Granger*, rapportés par le docteur Kemmerer, maire de Saint-Martin-de-Ré.

Lally, capitaine, et Granger, mousse à bord des *Deux-Associés*, ont fini leur vie dans la misère et sous le mépris. Le premier est mort en 1836, à l'hospice de Saint-Martin-de-Ré, confessé *in extremis* par l'abbé Dières-Montplaisir, de sainte mémoire. Le second s'est éteint en 1866, chez les Petites-Sœurs des Pauvres, à La Rochelle.

A l'hôpital, Lally était un objet de répulsion. Mais il n'en comprit jamais la raison. Quand on lui disait : « Père Lally, vous avez été bien sévère pour les prêtres... » il répondait : « Bah ! ces hommes étaient rayés sur le livre de la République. On m'avait dit de les faire mourir sans bruit, dans le silence de l'Océan. Je le faisais, moi... Nous avons tous notre mission ici-bas. J'ai tué, et je tuerais encore si les circonstances l'exigeaient. Je ne regrette rien. »

Et il se mettait à décrire la façon dont il s'y était pris pour purger la République de ces monstres :

« Le soir, tous mes prisonniers étaient à leur poste, dans les soutes, dans l'entrepont, partout où il y avait trois pieds pour s'accroupir. La République ménageait l'air. Je faisais fermer les écoutilles et les panneaux. Le vent de la nuit sur l'Océan est toujours malsain. Le matin, je faisais descendre dans le fond de la cale un baril de goudron. Un boulet rouge y était plongé, et le bitume en vapeur épaisse se répandait partout. Ah! les calotins! ils criaient, ils suaient, ils étouffaient. Ils n'avaient plus d'air, c'est vrai, mais enfin cette fumigation républicaine avait sa raison d'être dans les règlements. Une sueur âcre, visqueuse, gluante, chargeait l'atmosphère embrasée. Les aristocrates ont dit que les damnés ne connaissent pas ce supplice. Les aristocrates ne m'ont pas rendu justice. Quand tous les corps étaient haletants, fumant et suant par tous les pores, je faisais ouvrir les panneaux, je commandais : Tout le monde sur le pont! Alors, à peine vêtus, à tâtons, dans un pêle-mêle fantastique, tous accouraient. J'aurais fait fusiller un traînard. Leurs dents claquaient. Ils tremblaient sous la brise froide. Ils frissonnaient comme en pleine Sibérie. Mais ils ne se plaignaient pas. J'avais défendu les murmures. Je faisais mon inspection, les passant en revue un à un, lentement, pas à pas, la main sur la poignée de mon sabre... Le canot emportait les morts à l'île d'Aix, car il en mourait toujours. C'était écrit dans le livre de la République... »

Tout commentaire affaiblirait l'éloquence de cette « confession » du bourreau lui-même!

Tel est l'impressionnant ensemble de témoins *de visu* que nous avons sur la déportation à Rochefort. Sauf quelques légères discordances de détail, comme il en existe entre les quatre Evangiles, tous leurs récits racontent les mêmes faits et rendent le même son. Ils se complètent et se contrôlent. C'est un lumineux faisceau de témoignages, par lesquels demeurent historiquement établies la haine impie des persécuteurs poursuivant l'anéantissement clandestin de leurs victimes ; la mortelle barbarie des supplices inventés tout exprès pour en faire périr le plus grand nombre possible dans le moins de temps ; enfin, l'héroïque persévérance de la plupart de ces confesseurs, dont nous possédons actuellement la liste à peu près complète, grâce aux patientes recherches des chanoines Manseau et Lemonnier.

## Notices individuelles.

Les renseignements particuliers sur chacun de ces confesseurs se trouvent :

1° Dans l'ouvrage en 4 volumes. paru en 1821 sous ce titre : *Les martyrs de la foi pendant la Révolution française*, par l'abbé Aimé Guillon. L'auteur s'est beaucoup servi, pour ses notices, de la Relation de Labiche de Reignefort. Il a aussi consulté plusieurs survivants de la déportation, dont Bottin. Ses renseignements ne sont pas toujours exacts, mais on peut accueillir avec confiance les jugements qu'il porte sur la fidélité et la constance des martyrs.

2° Dans le *Martyrologe de la Déportation ecclésiastique à Rochefort-sur-Mer*, par le chanoine Lemonnier, ouvrage paru en 1917, chez Thèze, et malheureusement introuvable en librairie.

3° Dans les *Dossiers* rassemblés en vue de la béatification de ces martyrs, et actuellement entre les mains de l'auteur du présent ouvrage.

# QUATRIÈME APPENDICE

# Pour le procès canonique des martyrs

L'Eglise honore comme martyrs plusieurs confesseurs de la foi, morts des suites de tourments qui leur furent infligés, comme le portent leur légende au bréviaire romain : le Pape saint Jean I*er*, jeté en prison, *ubi squalore inediaque afflictus, paucis diebus vitam finivit;* le Pape saint *Marcel I*er, deux fois condamné à garder les bêtes, *loci foeditate multisque aerumnis afflictus obdormivit in Domino;* le Pape saint *Martin I*er, relégué dans la Chersonèse, *ubi ob catholicam fidem aerumnis confectus cessit e vita;* le Pape saint *Pontien, propter fidei confessionem in Sardiniam insulam cum Hippolyto presbytero relegatus, ibi vro Christi fide multis calamitatibus afflictus, vita migravit;* le Pape *Sylvère,* exilé par ordre de Théodora, *brevi incommodis aerumnisque confectus, obdormivit in Domino;* saint *Félix,* martyrisé à Tunis, et qui, comme le rapporte saint Augustin, « ayant confessé la foi, puis ayant vu différer son supplice, fut trouvé mort dans la prison » ; saint *Eusèbe,* évêque de Verceil, qui, après avoir subi les tourments d'un long exil, revint mourir paisiblement au milieu de ses ouailles.

Il existe, à la huitième leçon du troisième nocturne de l'office du commun des martyrs, un répons spécial visant le cas de ces martyrs *qui non effuso sanguine occubuerunt.*

Ces textes et ces faits montrent clairement que l'Eglise, pour conférer à un confesseur l'auréole du martyre, n'exige pas qu'il ait péri de mort violente et soudaine. Elle reconnaît d'autres martyrs que ceux du glaive, de la hache ou du feu. Lorsque la mort, respectant le noyau vital du corps exténué, se glisse lentement dans les organes, raffine ses poisons pour en mieux faire sentir l'amertume ; lorsque, servante docile des bourreaux, elle leur permet, pendant onze mois, de satisfaire leur soif de haine, cette mort, qu'ignore le furieux instinct des carnassiers, il n'y a qu'une légalité monstrueuse pour l'inventer et s'en faire un instrument.

Les confesseurs des pontons nous semblent réaliser toutes les *conditions matérielles* du martyre.

Nous n'oserions pas en dire autant des victimes de la seconde déportation (celle du Directoire), ni de toutes les victimes de la première (celle de l'an II).

Quelles qu'aient été les souffrances des déportés morts à la Guyane, ou au Fort-Paté de Blaye, ou à Brouage, elles ne se comparent pas à celles des malheureux qui subirent « l'enfer des pontons ». Seul, le supplice des pontons, par sa nature et sa durée, était apte à produire et a produit en fait, et très rapidement, la mort chez des hommes jeunes et bien portants. Seul il réalise les conditions *matérielles* du martyre. La rigueur n'est ici que prudence. Les précédents sont rares et lointains. Il n'y a que six

Papes qui soient honorés comme martyrs sans être morts dans le supplice même, mais des suites du supplice. Or, tous sont anciens et bien antérieurs à la rigoureuse procédure en usage depuis Benoît XIV.

On a donc jugé sage de ne présenter que des confesseurs ayant séjourné un certain temps sur les deux vaisseaux les *Deux-Associés* et le *Washington* : à l'exclusion, par conséquent, de ceux qui passèrent tout le temps de leur déportation sur le *Bonhomme-Richard*, à l'hôpital, ou dans les prisons de Rochefort. Peu importe qu'ils soient morts, comme Tabouillot, à l'hôpital maritime, ou à Saintes, comme Julien, immédiatement après avoir quitté les vaisseaux.

Les conditions *matérielles* du martyre étant réalisées, il faut que ceux qui seront présentés en réalisent les conditions *formelles*, c'est-à-dire qu'ils aient eu conscience de souffrir et de mourir pour la foi; qu'ils aient librement accepté les souffrances et la mort par un motif de charité; enfin, qu'ils aient persévéré dans l'acceptation du martyre depuis leur arrestation jusqu'à leur dernier soupir.

Quels que soient leurs mérites antérieurs, c'est surtout par la façon dont ils se sont comportés sur les vaisseaux, jusqu'à la mort inclusivement, que ces prêtres ont prouvé qu'ils étaient réellement des martyrs. Car, ne l'oublions pas, ce qui constitue le martyre, ce n'est pas la mesure de la souffrance, mais la mesure de l'amour. Le mauvais larron a souffert autant que le bon sur sa croix. Le même supplice, qui fut pour l'un instrument de salut, a été pour l'autre instrument de damnation. Ainsi des prêtres qui ont trouvé la mort sur les pontons. Il importe donc, avant tout, de s'assurer des dispositions intimes de chacun de ces confesseurs tout le temps qu'a duré leur cruel martyre.

Or, cette preuve ne peut être administrée que pour un petit nombre, ceux sur lesquels nous avons des renseignements précis et individuels dans les relations laissées par les survivants. C'est surtout grâce aux notices particulières ajoutées par Labiche de Reignefort à sa Relation, et un peu aussi aux témoignages de même ordre soigneusement glanés dans Besson, Soudais, La Romagère, Masson, Bottin et l'abbé Guillon, que la démonstration du martyre formel est possible pour une centaine environ.

On estimera sans doute que c'est bien peu. Les familles religieuses et les diocèses intéressés à la glorification de leurs sujets ne comprendront pas toujours les raisons de ces sélections. Pourquoi, diront-ils, écarter tant de prêtres méritants, dont on est sûr de la parfaite orthodoxie, et en retenir d'autres qui, humainement parlant, ne les valent pas ? La faute en est à la discrétion vraiment trop grande des auteurs de relations. Au lieu de s'en tenir à des généralités, que ne se sont-ils appliqués, comme Labiche, à nous dire la vie édifiante, sur les vaisseaux, et la mort admirable de chacun de ceux qu'ils avaient approchés, connus, aimés ?

Il va sans dire que tous ceux que nous présentons sont des *insermentés*, absolus ou restrictifs : soit qu'ils aient positivement refusé le serment ; soit qu'ils l'aient prêté en réservant expressément les droits de l'Église et du Saint-Siège, ce qui équivalait à un refus ; soit même que, l'ayant prêté de bonne foi et pour un motif de zèle ou de charité, ils se soient empressés de le rétracter dès qu'ils en eurent connu la malice, avant leur déportation sur les vaisseaux.

Cette question du serment est fort complexe et demande à être examinée sans parti pris ni rigorisme, en tenant compte de toutes les modalités psychologiques. Tous les cas sont des cas d'espèce.

D'excellents prêtres ont cru pouvoir prêter le serment de liberté-égalité, dont la formule n'avait, en fait, rien de contraire à la foi catholique, et sur la légitimité duquel on fut et l'on demeure encore partagé.

Moins excusables sont ceux qui prêtèrent le serment constitutionnel, sans aucune restriction. Néanmoins, lorsqu'il est prouvé qu'ils ont agi de bonne foi, non point par un sentiment de complaisance pour les doctrines ou les hommes de la Révolution, mais dans la seule fin de pouvoir demeurer un peu plus longtemps au service des âmes et leur épargner le désastre d'être brusquement privées de bons pasteurs, qu'au reste ils se rétractèrent presque aussitôt, sans attendre que le Pape eût condamné la Constitution civile, et de manière à s'attirer, par leur rétractation, au même titre que les prêtres fidèles, la haine des ennemis de l'Eglise, ceux-ci ne faisant aucune différence entre les rétractaires et les réfractaires, y a-t-il lieu de leur tenir rigueur d'un moment d'oubli ou de faiblesse, si noblement réparé ?

Nous ne le croyons pas, surtout depuis que nous avons vu Rome elle-même, dans le procès canonique des Martyrs de Septembre, admettre aux honneurs de la béatification des prêtres qui avaient aussi, antérieurement à leur incarcération à l'Abbaye, aux Carmes ou à Saint-Firmin, donné des gages à la Révolution.

# CINQUIÈME APPENDICE

## Liste des noms retenus par la Postulation

1. ADAM Louis-Armand-Joseph, Cordelier, né à Rouen le 19 décembre 1741, prêtre et religieux profès de la maison de Rouen, arrêté le 17 avril 1793, comme insermenté, détenu à la prison de Rouen, puis dirigé, le 6 mars 1794, sur Rochefort. Embarqué sur les *Deux-Associés*. Mort, le 13 juillet 1794, à l'âge de 52 ans. Inhumé à l'île d'Aix. — « Il observait le silence d'un saint occupé des choses du ciel et se montrait plein de charité envers ses compagnons d'infortune. » (Guillon.)

2. ANGEL Charles-Nicolas-Antoine, Eudiste, né à Rouen, le 11 octobre 1763, prêtre et religieux, professeur au Petit-Séminaire de Lisieux. Arrêté à Rouen comme insermenté, détenu à la prison Saint-Vivien, puis dirigé, le 9 mars 1794, sur Rochefort. Embarqué sur les *Deux-Associés*. Mort, le 29 juillet 1794, à l'âge de 30 ans. Inhumé à l'île d'Aix. — « Il honorait le sacerdoce plus encore par ses vertus que par son savoir. » (Guillon.)

3. AURIEL Antoine-Constant, né le 19 avril 1764, à Fayolles, diocèse de Cahors. Curé de Calviat,

au diocèse de Périgueux. Insermenté. Déporté le 22 novembre 1793. Dirigé sur Rochefort, et là, embarqué sur les *Deux-Associés*. Mort victime de son dévouement, en soignant ses confrères, le 16 juin 1794. Inhumé à l'île d'Aix. — « Il fut un des premiers qui se sacrifièrent pour leurs frères dans le périlleux emploi d'infirmier. » (Labiche.)

**4. AUZANET Jean-Baptiste**, né à Saint-Junien (Haute-Vienne), le 19 novembre 1748, chanoine prébendé de Saint-Junien, arrêté comme insermenté et enfermé à la Règle, déporté, partit de Limoges le 29 mars 1794, avec le second convoi. Embarqué sur les *Deux-Associés*. Mort, le 21 août 1794, à l'âge de 46 ans. Enterré à l'île Madame. — « Prêtre de grand mérite et fort vertueux. » (Guillon.)

**5. BANNASSAT Antoine**, né à Guéret, le 20 mai 1729, curé de Saint-Fiel, député de Guéret à l'Assemblée nationale, signa l'*Exposition des principes*, refusa le serment. Condamné à la déportation, il fut d'abord envoyé à Bordeaux; de là transféré à Blaye, puis libéré, parce que sexagénaire et infirme. De nouveau déporté, il quitta Guéret le 24 mars 1794, à destination de Rochefort. Embarqué sur les *Deux-Associés*. Mort, le 18 août 1794, âgé de 65 ans. Inhumé à l'île d'Aix. — « Ecclésiastique d'une rare piété, d'une science théologique éprouvée, d'un solide jugement. Doux, gai, modeste. Conserva sa présence d'esprit et son courage jusqu'au bout. » (Labiche.)

**6. BÉGUIGNOT (Dom Claude)**, né le 19 septembre 1736, à Langrey (?). Chartreux au couvent de Saint-Pierre de Quevilly, près de Rouen.

Arrêté le 23 avril 1793, comme prêtre réfractaire, interné à la prison Saint-Vivien, à Rouen. Déporté, le 6 mars 1794. Embarqué sur les *Deux-Associés*. Mort, le 16 juillet 1794, âgé de 58 ans. Enterré à l'île d'Aix. — « Tous l'avaient en vénération et le regardaient comme un saint. Ils l'appelaient familièrement le bienheureux Labre, à cause de sa ressemblance avec lui. Passait des heures en contemplation. On ne se lassait pas de l'entendre parler de Dieu. Presque tous les malades le recherchaient comme confesseur. Sa mort fut d'un prédestiné. » (Guillon.)

7. **BELTRÉMIEUX Philippe-Robert**, né à La Rochelle, le 1er mai 1746. Chanoine de Saint-Florent (Somme). Arrêté comme insermenté, interné à la prison de Bicêtre, à Amiens, déporté le 23 mai 1794. Embarqué sur les *Deux-Associés*. Mort le 3 septembre 1794. Enterré à l'île Madame. — « Supporta d'horribles souffrances, avec des sentiments de piété, de foi et de résignation. » (Guillon.)

8. **BÉRAUD Jean-Jacques**, né à Moulins, le 12 janvier 1757. Chanoine de Moulins. Insermenté. Arrêté en 1793, interné à la prison Sainte-Claire, déporté le 25 novembre 1793. Embarqué sur les *Deux-Associés*. Mort, le 28 juillet 1794, âgé de 37 ans. Inhumé à l'île d'Aix. — « Ecclésiastique distingué, doux, instruit, régulier, d'un jugement sain et solide. Devenu extraordinairement sourd. » (Labiche.)

9. **BONHOMME DE FORESTIER Jean-Baptiste**, né à Saint-Yrieix (Haute-Vienne), le 26 octobre 1738. Chanoine de Saint-Yrieix. Arrêté comme insermenté, interné à la Règle, à Limoges, déporté le 25 février 1794. Embarqué sur les

*Deux-Associés*. Mort, le 25 juillet 1794, âgé de 55 ans. Inhumé à l'île d'Aix. — « Respectable et régulier, chanoine zélé pour la splendeur du culte, directeur très estimé. Mille petites infirmités, dont il souffrait, le disposèrent au sacrifice de sa vie. » (Labiche.)

10. **BONNEFONT (Jouffret de) Claude-Joseph**, né à Gannat (Allier), le 23 décembre 1752. Sulpicien, supérieur du Petit Séminaire d'Autun. Arrêté comme insermenté, interné à la maison Sainte-Claire, à Moulins, déporté le 29 novembre 1793. Embarqué sur les *Deux-Associés*. Mort, le 10 août 1794, âgé de 42 ans. Inhumé à l'île d'Aix. — « Tous le chérissaient pour sa rare prudence, sa douceur et sa vertu. Il n'avait que des paroles de paix et de résignation à la volonté divine. Mourut en prédestiné. » (Labiche.)

11. **BOURDON Jean**, né à Séez (Orne), le 3 avril 1747. Capucin (en religion Fr. Protais), gardien du couvent de Sotteville-lès-Rouen. Arrêté comme insermenté, interné à la maison Saint-Vivien, à Rouen. Déporté, le 9 mars 1794. Embarqué sur les *Deux-Associés*. Atteint de fièvre et de délire, le jury militaire le fit mettre aux fers. Il expira en se meurtrissant avec ses chaînes, le 23 août 1794, âgé de 47 ans. Inhumé à l'île Madame. — « Religieux de grand mérite, ferme dans la foi, régulier. Homme superbe en imposant par sa taille. Dépensa ses forces au soulagement de ses confrères. » (Labiche.)

12. **BRIGEAT DE LAMBERT Scipion-Jérôme**, né le 9 juin 1733, à Ligny (Meuse). Vicaire général et grand doyen d'Avranches. Insermenté. Arrêté, le 16 mai 1793, interné à Bar-le-Duc, déporté,

pour n'avoir pas prêté le serment de Liberté-Egalité, le 16 avril 1794. Embarqué sur le *Washington*. Mort le 4 septembre 1794, âgé de 61 ans. Inhumé à l'île Madame. — « Il se fit, malgré son grand âge, l'infirmier de ses confrères. Désolé de manquer de remèdes, il y suppléait par des invitations à la résignation et à l'esprit de pénitence. » (Guillon.)

**13. BRUGIÈRES DE SERRE DE FARSAC Charles**, né à Limoges, le 1ᵉʳ août 1735. Chanoine d'Eymoutiers. Insermenté. Arrêté en juillet 1793, interné à la Règle, déporté le 25 février 1794. Embarqué sur les *Deux-Associés*. Mort, le 8 août 1794, âgé de 59 ans. Inhumé à l'île d'Aix. — « Très estimable pour sa régularité, sa profonde religion, la fermeté de ses principes. Très dur à lui-même... Et cependant le régime des vaisseaux l'avait rapidement affecté, au point de le rendre méconnaissable. » (Labiche.)

**14. BRULARD Michel-Louis**, né à Chartres, le 11 juin 1758. Carme. Professeur au collège de Chartres. Refusa le serment. Fut, pour ce motif, déporté. Embarqué sur les *Deux-Associés*. Mort, le 25 juillet 1794, âgé de 36 ans. Inhumé à l'île d'Aix. — « Véritable séraphin, ne vivant que de sacrifice, ne pensant qu'au ciel et ne parlant que du ciel. Réduit à une maigreur effroyable. On avait peine à croire que dans un pareil squelette pût loger une âme aussi remplie de l'amour de Dieu que celle de cet ange de la terre. » (Labiche.)

**15. BRUNEL Gervais-Protais**, né le 18 juin 1744, à Magnières (Meurthe). Prieur claustral de la Trappe de Mortagne (Orne). Insermenté. Arrêté le 12 mai 1793, interné à Nancy, déporté le

27 janvier 1794. Embarqué sur les *Deux-Associés*. Mort, le 20 août 1794, âgé de 50 ans. Inhumé à l'île d'Aix. — « Un des plus connus de la déportation. » (Bottin.) Guillon parle des « nombreux admirateurs de sa sainteté pure, calme et céleste », qui empêchèrent les juges de Nancy de l'envoyer à la guillotine.

**16. BRUXELLES (de) Jean-Baptiste**, né à Saint-Léonard (Haute-Vienne), le 12 septembre 1734. Chanoine de Saint-Léonard. Insermenté. Arrêté dès 1792, interné à la Règle, dont il fut choisi par ses confrères comme supérieur, déporté le 29 mars 1794. Embarqué sur les *Deux-Associés*. Mort, le 18 juillet 1794, âgé de 60 ans. Inhumé à l'île d'Aix. — « Bon théologien, directeur recherché, avec une piété solide, des lumières peu communes et du talent pour les assurer. » (Labiche.)

**17. CARDAILLAC (Dumontet de) Florent**, né le 5 février 1749, à Saint-Méard (Haute-Vienne). Chanoine et vicaire général de Castres, aumônier de Madame de Provence. Insermenté. Arrêté, conduit à Limoges, le 8 novembre 1793 et enfermé à la Règle. Déporté le 25 février 1794. Embarqué sur les *Deux-Associés*. Mort, le 5 septembre 1794, à l'âge de 45 ans. Inhumé à l'île Madame. — « Homme d'esprit et cœur excellent, mourut victime de sa charité et de son zèle à soigner ses confrères. » (Guillon.) « Semblait né pour faire aimer la vertu et réconcilier les gens du monde avec la piété, dont sa conduite toute seule était une apologie complète. » (Labiche.)

**18. CHABANS DE RICHEMONT (de) François**, né le 8 novembre 1739, au château de Richemont, paroisse de Bourdeilles (Dordogne). Vicaire général, chanoine, grand archidiacre de Périgueux. Insermenté. Arrêté, interné à Périgueux, déporté. Embarqué sur les *Deux-Associés*. Mort, le 19 juillet 1794, à l'âge de 54 ans. Inhumé à l'île d'Aix. — « Homme d'esprit et cœur excellent, modeste et silencieux, faisant, par la bonté de son caractère, les délices de ses amis. » (Labiche.) Brugière rapporte que, sur le vaisseau, « il fut accablé de toutes sortes d'infirmités, de misères et d'opprobres. Il était si infirme qu'il ne pouvait se rendre à lui-même aucun service. La vermine dévorait ses chairs, malgré les soins de ses confrères ».

**19. CHARLES Paul-Jean (Fr. Paul)**, né le 29 décembre 1743, à Millery (Côte-d'Or). Prieur claustral de la Trappe de Sept-Fons. Insermenté. Arrêté en 1793, interné à Moulins, déporté le 28 novembre 1793. Embarqué sur les *Deux-Associés*. Mort, le 25 août 1794, âgé de 51 ans. Inhumé à l'île Madame. — « Excellent religieux, plein de l'esprit de son état. A la tendre piété qu'on avait lieu d'attendre d'un homme de sa profession, il joignait beaucoup plus d'instruction, de douceur et d'aménité qu'on n'en suppose ordinairement dans un religieux d'un Institut aussi austère. » (Labiche.)

**20. CHERRIER Antoine**, né le 23 octobre 1754, à Lunéville (Meurthe). Secrétaire général de l'évêché de Nancy. Insermenté. On le trouve, au début de 1794, interné à la maison Sainte-Claire, à Moulins. Déporté le 3 avril. Embarqué sur les *Deux-Associés*. Mort, le 2 septembre 1794, âgé de 40 ans. Inhumé à l'île Madame. — « Homme d'esprit et de talent, d'un caractère bien prononcé et plein de courage. » (Labiche.)

**21. CHOUVIGNY DE BLOT** Jean-Gilbert, né à Saint-Bonnet-de-Rochefort (Allier), le 20 mars 1748. Chanoine de Moulins, vicaire général de Vabres. Prêta le serment de Liberté-Egalité qu'il rétracta presque aussitôt. Fut pour ce motif arrêté, interné à Moulins, puis déporté le 28 novembre 1793. Embarqué sur les *Deux-Associés*. Mort, le 22 septembre 1794, âgé de 46 ans. Inhumé à l'île Madame. — « Modèle de douceur, de complaisance et d'honnêteté. Ces aimables qualités se peignaient jusque dans les traits de sa figure, extrêmement intéressante. » (Labiche.)

**22. CORDIER** Nicolas, né le 6 décembre 1710, à Souilly (Meuse). Jésuite, supérieur de la résidence de Saint-Mihiel. Arrêté, le 28 octobre 1793, comme insermenté, interné à Bar-le-Duc, déporté le 15 avril 1794. Embarqué sur le *Washington*. Mort, le 30 septembre 1794, âgé de 84 ans. Inhumé à l'île Madame. — C'était le doyen d'âge des déportés. C'est à lui que le capitaine Gibert enleva le bâton dont il se servait pour se soutenir, et le jeta à la mer en disant : « Vieux scélérat, si je te laissais ton bâton, tu serais capable de t'en servir pour faire la contre-révolution à mon bord. » (Bottin.)

**23. COUDERT** Joseph-Louis, Carme, en religion P. Barthélemy. Né à Grandmont, paroisse de Saint-Sylvestre (Haute-Vienne), le 26 mai 1749. Sous-prieur de la maison d'Angoulême. Arrêté à Limoges, convaincu de n'avoir prêté aucun serment, interné pour cela à la Règle, puis à la Force, déporté le 25 février 1794. Embarqué sur les *Deux-Associés*. Après un accès de fièvre chaude, qui faillit entraîner le massacre de tous les déportés, il fit une mort douce et paisible, le 29 juillet 1794, à l'âge de 45 ans, et fut inhumé à l'île d'Aix. (Labiche et La Romagère.)

**24. DESGARDINS Augustin-Joseph (Fr. Élie)**, né le 21 décembre 1750, à Hénin-Liétard (Pas-de-Calais). Trappiste de Sept-Fons. Frère lai, faisant fonction de chirurgien. Insermenté. Incarcéré à Moulins, déporté le 3 avril 1794. Embarqué sur les *Deux-Associés*. Mort, le 6 juillet 1794, âgé de 43 ans. Inhumé à l'île d'Aix. — « Très pieux, plein de complaisance et de charité pour les malades, qu'il soignait avec un respect religieux. Victime de son dévouement. » (Labiche.)

**25. DUBIGNON Colas-Charles-René**, né à Mayenne, le 25 août 1743. Sulpicien, supérieur du Petit Séminaire de Bourges. Insermenté. Arrêté le 23 mars 1793, incarcéré à Bourges, déporté le 6 mars 1794. Embarqué sur les *Deux-Associés*. Mort le 2-3 juin 1794, âgé de 51 ans. Inhumé à l'île d'Aix. — Ses compagnons vantent son courage et sa piété. Avant d'expirer, sur le plancher de la chaloupe-hôpital, il prononça, d'une voix douce et céleste, ces paroles mémorables, qui devinrent comme le mot d'ordre des prêtres déportés : « Nous sommes les plus malheureux des hommes, mais aussi les plus heureux des chrétiens. » (Guillon et Labiche.)

**26. DUBOST Jean**, né le 18 décembre 1726, à Saint-Priest-en-Murat (Cantal). Curé de Theneuille (Allier). Insermenté. Reclus à la maison de Sainte-Claire, à Moulins. Déporté le 28 novembre 1793. Embarqué sur les *Deux-Associés*. Mort, le 9 août 1794, âgé de 67 ans. Inhumé à l'île d'Aix.

**27. DUBOST Antoine**, né le 17 février 1729, à Saint-Priest-en-Murat (Cantal). Curé de Saint-Caprais (Allier). Insermenté. Reclus à la maison de Sainte-Claire, à Moulins. Déporté le 28 novembre 1793. Embarqué sur les *Deux-Associés*. Mort, le 19 juillet 1794, âgé de 65 ans. Inhumé à l'île d'Aix. — « Ces deux bons vieillards étaient admirables de tendresse fraternelle. Tellement inséparables, que l'un étant tombé malade, l'autre le voulut suivre à l'hôpital, pour lui donner ses soins, et le chagrin qu'il eut de sa mort l'empêcha de lui survivre. » (Labiche.)

**28. DUMONET Claude**, né à Prissé, près Mâcon, le 2 février 1747. Prêtre et professeur au collège de cette ville. Insermenté. Condamné à la déportation. Embarqué sur le *Washington*. Mort, le 13 septembre 1794, âgé de 47 ans. Inhumé à l'île Madame. — « Il mourut rongé de poux, aux-quels il avait fini par s'abandonner, voyant qu'il ne pouvait réussir à s'en débarrasser. Un passage approprié des Livres Saints, que lui cita un de ses confrères, l'aida à supporter avec courage cette suprême humiliation. » (Labiche.)

**29. DUPAS-MOREL Jacques-Noël**, né à Ruffec, vers 1755. Vicaire de sa ville natale (Charente). Insermenté. Condamné à la déportation, le 18 mars 1794, par le tribunal de Poitiers. Embarqué sur les *Deux-Associés*. Mort, le 21 juin 1794, âgé de 39 ans. Inhumé à l'île d'Aix. — « Caractère sérieux, même un peu triste, mais rempli de religion, de modestie et d'honnêteté. Avait montré beaucoup de fermeté dans la foi. » (Labiche.)

**30. DURANGEON** Étienne, né le 4 février 1754, à Ainay-le-Château (Allier). Récollet à Tours. Insermenté. Arrêté en 1793, conduit à Moulins, enfermé à Sainte-Claire, déporté le 25 novembre 1793. Embarqué sur les *Deux-Associés*. Mort, le 18 novembre 1794, âgé de 40 ans. Inhumé au Fort-Vaseux. — « Bon religieux, simple, mortifié, ayant la plus haute idée de son état. Son heureuse mémoire était d'une grande ressource pour ceux qui, à défaut de livres, voulaient se rappeler les passages des psaumes ou des hymnes sacrées de l'Eglise. » (Labiche.)

**31. DUVERNEUIL** Jean-Baptiste (P. Léonard), né à Saint-Yrieix, le 8 janvier 1759. Carme à Angoulême. Insermenté. Arrêté dans sa famille, en 1793, conduit à Limoges, incarcéré à la Règle, déporté le 25 février 1794. Embarqué sur les *Deux-Associés*. Mort, le 1er juillet 1794, âgé de 35 ans. Inhumé à l'île d'Aix. — Labiche reconnaît à ce « digne fils de sainte Thérèse », entre autres vertus : beaucoup d'assiduité à la prière et un zèle ardent pour le maintien de la religion.

**32. FAULTE** Jean-Joseph, né à Limoges, le 27 août 1742. Chanoine et prévôt du Chapitre de Saint-Martial. Insermenté. Arrêté le 23 mai 1793, interné à la Règle, déporté le 29 mars 1794. Embarqué sur les *Deux-Associés*. Mort le 22 septembre 1794, âgé de 52 ans. Inhumé à l'île Madame. — « Il avait toujours été un ecclésiastique très régulier. La persécution en fit un prêtre fervent. Il recherchait avec une sainte avidité la conversation de ses confrères en qui il voyait reluire une piété plus éclatante et de nature à le porter à Dieu. » (Labiche.)

**33. FAVERGE Pierre-Sulpice-Christophe (Fr. Roger),** né à Orléans, le 26 juillet 1745. Frère des Écoles chrétiennes. Directeur de l'école de Moulins. Refusa tous les serments. Incarcéré à Moulins, le 11 juin 1793, déporté le 28 novembre. Embarqué sur les *Deux-Associés*. Mort le 12 septembre 1794, âgé de 49 ans. Inhumé à l'île Madame. — « Pieux, zélé pour l'instruction de la jeunesse, il jouissait sur les vaisseaux d'une grande considération. » (Labiche.)

**34. FORET Louis-Gabriel,** né à Saint-Denis, le 18 mars 1756. Bénédictin de l'abbaye de Saint-Denis. Insermenté. Arrêté à Chartres, où il s'était retiré, déporté sur les *Deux-Associés*. Mort le 27 août 1794, âgé de 38 ans. Inhumé à l'île Madame. — « Jeune religieux, vif, actif, d'un extérieur prévenant, aussi pieux qu'aimable et instruit. S'était dévoué, comme infirmier, au soulagement de ses confrères. » (Labiche.)

**35. FRANÇOIS François (P. Sébastien),** né à Nancy, le 17 janvier 1749. Capucin. Incarcéré à Nancy, le 9 novembre 1793, comme insermenté. Condamné à la déportation, le 26 janvier 1794. Embarqué sur les *Deux-Associés*. Mort le 10 août 1794, âgé de 45 ans. Inhumé à l'île d'Aix. — « Saint religieux, vénéré de tous ses compagnons. Il priait constamment. Un jour, dans la chaloupe-hôpital, on le trouva mort à genoux, les mains jointes et les yeux levés vers le ciel. Les matelots eux-mêmes, à ce spectacle, ne purent retenir leurs cris d'admiration et leurs larmes. » (Labiche, Masson, Michel.)

**36. GABILHAUD Pierre,** né à Pont-Saint-Martin, près de Bellac (Haute-Vienne), en 1745. Curé

de Saint-Christophe (Creuse). Jura, puis rétracta
son serment. Arrêté pour ce motif, enfermé
à la Règle, déporté le 29 mars 1794. Embarqué
sur les *Deux-Associés*, il y « donna l'exemple
d'une piété vive et pure ». (Guillon.) Mort, le
13 août 1794, âgé de 49 ans. Inhumé à l'île
d'Aix. — « Passa toute la nuit qui précéda sa
mort auprès de son confesseur, à s'entretenir
de Dieu et du ciel. » (Labiche.)

37. **GAGNOT Jacques (P. Hubert de Saint-Claude)**,
né à Frolois (Meurthe), le 9 février 1753.
Carme déchaussé à Nancy. Insermenté. Le
5 mai 1793, interné aux Carmélites, comme
« fanatique dangereux ». Déporté sur les *Deux-
Associés*. Mort le 10 septembre 1794, âgé de
41 ans. Inhumé à l'île Madame. — « Infirmier
volontaire des plus dévoués. Sauva la vie
à plusieurs de ses confrères. Quand la contagion l'eut gagné à son tour, il redoubla de ferveur et édifia tout le monde par sa foi, son
humilité, ses austérités. » (Masson.)

38. **GARNIER Benjamin-Jacques**, né à Avallon
(Yonne), en 1758. Chapelain, vicaire du Chapitre de Vézelay. Insermenté. Déporté le
28 avril 1794. Embarqué sur le *Washington*, puis
sur l'*Indien*. Mort à l'hôpital de la Marine, le
21 mars 1795, âgé de 36 ans. Inhumé à Rochefort. — « Ecclésiastique accompli, dont les
veilles avaient usé prématurément la santé. Eut
à subir force humiliations et mauvais traitements
de la part d'un major, qui essaya même, en
lui prescrivant une trop forte dose d'émétique,
d'en « débarrasser la République. » (Soudais.)

39. **GRANDMAIRE Jean-Baptiste-Joseph**, Tiercelin,
en religion P. Barnabé, né le 22 juillet 1731,

à Provenchère-sur-Fave (Vosges). Gardien du couvent de Sion et desservant du prieuré de They, diocèse de Nancy. Insermenté. Arrêté le 6 mai 1793, interné aux Carmélites de Nancy, déporté, quoique sexagénaire et infirme. Embarqué sur les *Deux-Associés*. Mort le 22 mai 1794, âgé de 63 ans. Inhumé à l'île d'Aix. — Noté comme « fanatique ». Masson rappelle qu'il reçut de ce saint religieux une belle leçon de mortification, en cours de route, et il déclare, l'ayant vu mourir, qu'il ne doute pas qu'il soit allé recevoir au ciel une récompense immédiate.

**40. GUILLAUME Jean-Baptiste (Fr. Uldaric)**, né à Dampierre-lès-Dôle (Jura), le 1er février 1755. Frère des Écoles chrétiennes à Nancy. Refusa tout serment. Arrêté le 13 mai 1793, interné aux Carmélites, condamné à la déportation, le 27 janvier 1794. Embarqué sur les *Deux-Associés*. Mort, le 27 août 1794, âgé de 39 ans. Inhumé à l'île Madame. — « Son humilité n'avait d'égale que sa vertu. Il faisait l'édification de ses compagnons de tortures par la fermeté de son caractère et son indomptable énergie. » (Extrait des Annales de la Congrégation.)

**41. HANUS Charles-Arnault**, né à Nancy, le 19 octobre 1725. Chanoine de Ligny (Meuse) et doyen du Chapitre. Refusa tout serment. Arrêté le 16 avril 1794, déporté, partit de Bar-le-Duc le 21 avril. Embarqué sur le *Washington*. Mort, le 28 août 1794, à l'âge de 68 ans. Inhumé à l'île Madame. — « Chaque jour, dit un survivant, à mesure que son corps dépérissait, son âme acquérait une vigueur toute divine. » Un demi-siècle plus tard, on parlait encore de lui avec respect et vénération, le regardant comme un saint.

**42.** HUNOT François, né à Brienon-l'Archevêque (Yonne), le 12 février 1753. Chanoine de Brienon. Refusa tout serment. Condamné à la déportation, il partit d'Auxerre le 28 avril et arriva à Rochefort le 23 mai 1794. Embarqué sur le *Bonhomme-Richard*, puis sur le *Washington*. Mort, le 6 octobre 1794, âgé de 41 ans. Inhumé à l'île Madame. — « Ame naturellement forte, et que la persécution n'avait fait que fortifier encore. Manifestait une joie toute surnaturelle d'avoir à souffrir pour Jésus-Christ. Montra jusqu'à la mort une énergie, un courage, une constance à toute épreuve. » (Soudais.)

**43.** HUNOT Jean, né à Brienon-l'Archevêque, le 21 septembre 1742. Chanoine de Brienon. Prêta le serment, avec restriction, et le rétracta presque aussitôt. Arrêté comme « réfractaire », incarcéré au Séminaire d'Auxerre, déporté le 28 avril. Embarqué sur le *Bonhomme-Richard*, puis sur le *Washington*. Mort, le 7 octobre 1794, âgé de 52 ans. Inhumé à l'île Madame. — « Manifesta, avant de mourir, d'admirables sentiments de foi, d'humilité, de componction, demandant pardon à Dieu et aux hommes du scandale qu'il aurait pu donner par faiblesse ou par excès de condescendance pour son peuple. » (Soudais.)

**44.** HUNOT Sébastien-Loup, frère de Jean et cousin de François, né à Brienon-l'Archevêque, le 7 août 1745. Chanoine de Brienon. Refusa tout serment. Incarcéré au Séminaire d'Auxerre, déporté le 28 avril. Embarqué sur le *Bonhomme-Richard*, puis sur le *Washington*. Mort, le 17 novembre 1794, âgé de 49 ans. Inhumé au Fort-Vaseux. — Patience, résignation, joie de souffrir, crainte de ne pas souffrir assez, tels furent, d'après Soudais, les sentiments qu'il manifesta jusqu'à sa mort.

**45. HUPPY Louis=Wulphy,** né le 1ᵉʳ avril 1767, à Rue (Somme). Prêtre habitué à Limoges. Insermenté. Emprisonné à la Règle, en 1793, Déporté à Rochefort, le 29 mars 1794. Embarqué sur les *Deux-Associés*. Mort, le 29 août 1794, âgé de 27 ans. Inhumé à l'île Madame. — « Jeune, il avait toute la prudence et la solidité d'esprit de l'âge mûr. Pieux, doux, prévenant. Sa mort fut celle d'un bienheureux. » (Labiche.)

**46. IMBERT Joseph,** né dans le diocèse de Marseille, le 5 décembre 1719 ou 1721. Jésuite, professeur à Grenoble. Nommé par Pie VI, pendant la Terreur, vicaire apostolique du diocèse de Moulins. Insermenté. Incarcéré à Sainte-Claire, déporté. Parti de Moulins, le 25 novembre 1793. Embarqué sur les *Deux-Associés*. Mort, le 9 juin 1794, âgé de 72 ou 74 ans. Inhumé à l'île d'Aix. — « Homme de beaucoup d'esprit et d'un rare mérite, fort aimable en société. Auteur du *Chant du départ*, sur l'air de la *Marseillaise*, par lequel les déportés exprimaient leur joie d'aller porter l'Evangile aux peuplades barbares de l'Afrique. » (Labiche.)

**47. IRONDY Guillaume,** né à Escladines, paroisse de Chaussenac (Cantal), le 13 février 1723. Curé de Vesse, aujourd'hui Bellerive (Allier), où il laissa la réputation d'un saint. Insermenté. Expulsé de sa paroisse, interné à Moulins, déporté. Embarqué sur les *Deux-Associés*. Mort, le 25 septembre 1794, âgé de 71 ans, à l'île Madame. — « Ce bon vieillard, infiniment respectable sous tous les rapports, conserva jusqu'au bout une sérénité céleste et toute la gaieté d'une conscience pure. » (Guillon.)

**48. JARRIGE DE LA MORÉLIE DE PUYREDON Pierre,** né à Saint-Yrieix (Haute-Vienne), le 13 avril 1737. Chanoine de Limoges, puis doyen du Chapitre de Saint-Yrieix. Insermenté. Enfermé à la Règle, déporté le 25 février 1794. Embarqué sur les *Deux-Associés*. Mort, le 10 août 1794, âgé de 57 ans. Inhumé à l'île d'Aix. — « Vénérable et digne prêtre, d'une taille avantageuse, d'un port majestueux et surtout d'un grand caractère. Son courage apostolique se soutint constamment à la même élévation, tout le temps qu'il demeura sur les vaisseaux. Avant de mourir, il fit à ses confrères un discours plein de magnanimité chrétienne, qui électrisa tous les cœurs et qu'ils n'oublieront de longtemps. » (Labiche.) —

**49. JARRIGE DE LA MORÉLIE DES BIARS Barthélemy,** né au château des Biars, paroisse de Glandon (Haute-Vienne), en 1754. Religieux Cluniste de l'ancienne observance. Sécularisé, vivait dans sa famille, à Saint-Yrieix, lorsqu'il fut arrêté, conduit à Limoges et enfermé à la Règle, en 1793. Déporté comme prêtre réfractaire, le 25 février 1794. Embarqué sur les *Deux-Associés*, il se constitua l'infirmier de ses confrères, dont il contracta la maladie. Mort, le 16 juillet 1794, âgé de 40 ans. Inhumé à l'île d'Aix. — « D'une douceur admirable. » (Labiche.)

**50. JARRIGE DE LA MORÉLIE DU BREUIL Jean-François,** né à Saint-Yrieix, le 11 janvier 1752. Chanoine de Saint-Yrieix. Prêta le serment Liberté-Egalité et le rétracta presque aussitôt.

Arrêté comme « réfractaire », conduit à Limoges, enfermé à la Règle, déporté le 29 mars 1794. Embarqué sur les *Deux-Associés*. Mort, le 31 juillet 1794, âgé de 42 ans. Inhumé à l'île d'Aix. — « Mourut dans les sentiments d'une parfaite résignation chrétienne. » (Labiche.)

**51. JOBIER Pierre**, né le 31 janvier 1737, à Ainay-le-Château (Allier). Curé de Voussac. Insermenté. Arrêté, conduit à Moulins, interné à Sainte-Claire, déporté le 28 novembre 1793. Embarqué sur les *Deux-Associés*. Mort le 14 août 1794, à l'âge de 57 ans. Inhumé à l'île d'Aix. — Lequin, dans la pièce de vers latins consacrée au récit de sa déportation, exprime en termes touchants l'estime et l'amitié qu'il avait pour Jobier. Guillon dit qu'il intéressa ses compagnons d'infortune par la bonté de son caractère et ne les édifia pas moins par sa résignation.

**52. JUGE DE SAINT-MARTIN Jean-Joseph**, né le 14 juin 1739, à Limoges, paroisse Saint-Pierre-du-Queyroix. Sulpicien. Directeur au Séminaire et chanoine de la cathédrale de Limoges. Prêta le serment de Liberté-Égalité, mais le rétracta pendant son séjour à la Règle en 1793. Déporté le 29 mars 1794. Embarqué sur les *Deux-Associés*. Mort le 7 juillet 1794, âgé de 55 ans. Inhumé à l'île d'Aix. — « Ses vertus ecclésiastiques répondaient à ses autres qualités, et son humeur obligeante autant qu'empressée le faisait rechercher de ses confrères. » (Labiche.) « Il était fort savant et très pieux. » (Guillon.)

**53. JULIEN Jean**, né le 24 juin 1745, à Saint-Tréphime (Côtes-du-Nord). Curé de Glomel. Insermenté. Arrêté, emprisonné à Saint-Brieuc, déporté le 16 mars 1794. Embarqué sur les *Deux-Associés*. Mort à Saintes, le 19 février 1795, âgé de 59 ans. — « Infirmier d'un dévouement incomparable. Aussi zélé pour le salut que pour le soulagement corporel de ses confrères, qu'il assistait à toute heure de nuit comme de jour. La mort, qu'il avait mille fois bravée, vint le prendre au sortir des vaisseaux. » (Labiche.)

**54. LABICHE Jean-Baptiste**, né le 10 novembre 1738, à Limoges, paroisse Saint-Pierre-du-Queyroix. Bénédictin de Saint-Maur. Prieur claustral de Beaulieu (Corrèze), puis de Bourges. Insermenté. Arrêté en 1793, enfermé à la Règle, déporté le 29 mars 1794. Embarqué sur les *Deux-Associés*. Mort le 12 août 1794, âgé de 55 ans. Inhumé à l'île d'Aix. — « Bon religieux, rempli de l'esprit de son état, très doux de caractère et fort instruit. » (Guillon.)

**55. LABICHE DE REIGNEFORT Marcel-Gaucher**, né le 3 novembre 1751, à Limoges, paroisse Saint-Michel-des-Lions. Missionnaire diocésain à Limoges. Insermenté. Arrêté en 1793, enfermé à la Règle, déporté le 25 février 1794. Embarqué sur les *Deux-Associés*. Mort le 26 juillet 1794, âgé de 42 ans. Inhumé à l'île d'Aix. — « Ecclésiastique très vertueux, que distinguaient la plus tendre piété et une grande douceur de caractère. » (Guillon.) « A des talents peu communs, il joignait une rare délicatesse de conscience, beaucoup de douceur de caractère, une candeur admirable, un zèle ardent pour la religion, et surtout une résignation à toute épreuve. Il avait désiré mourir pour Dieu. Il vit arriver la mort sans alarmes et la subit sans regret. » (Labiche, son frère.)

**56. LABORIER DU VIVIER Jean=Baptiste**, né à Mâcon, le 19 septembre 1734. Chanoine de la cathédrale de Mâcon. Insermenté. Arrêté en 1793, déporté sur les *Deux-Associés*. Mort le 27 septembre 1794, âgé de 60 ans. Inhumé à l'île Madame. — « Resté diacre par humilité. Les sentiments de religion dont il était pénétré l'occupaient avec tant de force qu'il ne s'entretenait absolument que de Dieu, de la Sainte Vierge, des saints et du bonheur d'avoir été déporté pour le salut de son âme. » (Sombardier.)

**57. LABROUHE DE LABORDERIE Pierre=Yrieix**, né à Saint-Yrieix, le 24 mai 1756. Chanoine de Saint-Yrieix. Insermenté. Emprisonné à la Règle en 1793 déporté, dirigé sur Rochefort le 25 février 1794. Embarqué sur les *Deux-Associés*. Mort, le 1" juillet 1794, âgé de 38 ans. Inhumé à l'île d'Aix. — « Très bon prêtre, très régulier, très dur à lui-même, fort aumônier, rempli en un mot de l'esprit et des vertus de son état, qu'il honora constamment par la pureté de ses mœurs et une grande délicatesse de conscience. » (Labiche.)

**58. LAPLACE Claude**, né à Bourbon-Lancy (Saône-et-Loire), le 15 novembre 1725. Curé de Saint-Jean, à Moulins. Insermenté. Enfermé à la maison Sainte-Claire, déporté le 28 novembre 1793. Embarqué sur les *Deux-Associés*. Mort, le 14 septembre 1794, âgé de 69 ans. Inhumé à l'île Madame. — « Homme intérieur, extrêmement aumônier, très versé dans toutes les sciences ecclésiastiques et doué d'un grand talent pour la conduite des âmes et la prédication. En vénération auprès de tous ses confrères. » (Labiche.)

**59.** **LAURENT DE MASCLOU Claude-Barnabé,** né au Dorat (Haute-Vienne), le 11 juin 1735. Chanoine du Dorat. Insermenté. Arrêté, avec ses deux frères, chanoines comme lui, et conduit à Limoges, le 16 mai 1793. Interné à la Règle, déporté le 25 février 1794, embarqué sur les *Deux-Associés*. Mort le 7 septembre 1794, âgé de 59 ans. Inhumé à l'île Madame. — « Esprit très cultivé, avec infiniment d'honnêteté dans le caractère. Fit paraître, aux approches de la mort, autant de résignation, de calme et de sérénité qu'il en avait montré avant de tomber malade et pendant tout le cours de sa vie. » (Labiche.)

**60.** **LEBRUN Louis-François,** né à Rouen, le 14 avril 1744. Bénédictin de l'abbaye de Saint-Wandrille. Insermenté. Arrêté en avril 1793, incarcéré à Saint-Vivien, déporté le 21 mars 1794. Embarqué sur les *Deux-Associés*. Mort le 20 août 1794, âgé de 50 ans. Inhumé à l'île Madame. — « Aussi modeste qu'instruit et aussi pieux que modeste. La douceur de son caractère se peignait jusque dans les traits de sa figure. Il mourut au moment où on le débarquait dans l'île, après avoir beaucoup souffert, et toujours avec une grande résignation. » (Labiche.)

**61.** **LE CONTE Noël-Hilaire,** né le 3 octobre 1765, à Chartres, paroisse Saint-Hilaire. Simple clerc tonsuré, organiste à la cathédrale de Bourges. Refusa tous les serments et se réfugia dans l'Allier, où il fut arrêté, interné à Moulins et déporté le 28 novembre 1793. Embarqué sur les *Deux-Associés*, il mourut le 17 août 1794, âgé de 29 ans. Inhumé à l'île d'Aix. — « Jeune ecclésiastique doué de qualités sociales très intéressantes et rempli de piété. » (Guillon.)

**62. LEGROING DE LA ROMAGÈRE Pierre-Joseph,** né le 29 juin 1752, à Saint-Sauvier, près Huriel (Allier). Chanoine de Bourges et vicaire général. Insermenté. Arrêté, mis en réclusion à Moulins, déporté le 28 novembre 1793. Embarqué sur les *Deux-Associés*. Mort le 26 juillet 1794, âgé de 42 ans. Inhumé à l'île d'Aix. — « Ecclésiastique d'un grand mérite et d'une grande fermeté de caractère, qu'on voyait le plus souvent debout et silencieux, le visage tourné vers la mer, méditant sur l'éternité et se préparant au dernier sacrifice. Mourut dans les sentiments de la plus parfaite résignation et avec le plus grand courage. » (Labiche.) Son frère, mort évêque de Saint-Brieuc, dit qu'après avoir reçu le saint Viatique avec une ardente piété, on l'entendit faire publiquement une admirable profession de foi.

**63. LEGRY Jacques-François-Germain,** né à Vézelay (Yonne) le 29 janvier 1762. Grand-chantre du Chapitre de Vézelay. Insermenté. Emprisonné à Auxerre, déporté le 28 avril 1794. Embarqué sur le *Washington*. Mort, le 13 janvier 1795, âgé de 32 ans. Inhumé au Fort-Vaseux. — « Il eut le menton mangé par la vermine. Il souffrait horriblement d'un abcès que, par modestie, il cachait depuis plus de deux mois. » (Soudais.)

**64. LEYMARIE-LAROCHE Elie,** né au château de La Roche, commune d'Anesse (Dordogne), le 8 janvier 1758. Prieur-curé de Saint-Jean de Coutras. Insermenté. Mis en réclusion à Périgueux, déporté. Embarqué sur les *Deux-Associés*. Mort, à 36 ans, le 22 août 1794, d'avoir été descendu du vaisseau avec un palan et violemment projeté sur le sol. Inhumé à l'île

Madame. — « Doux, complaisant, très religieux, d'un commerce également sûr et facile, il était chéri de tous ses confrères sur les vaisseaux. » (Guillon.) « Sa mort jeta ses amis dans la consternation et causa des regrets à ceux-là mêmes qui le connaissaient le moins. » (Labiche.)

**65. LOIR Jean-Baptiste-Jacques-Louis-Xavier**, né à Besançon, le 11 mars 1720. Capucin du couvent de Lyon. Insermenté. Arrêté, interné à Sainte-Claire de Moulins, déporté le 3 avril 1794. Embarqué sur les *Deux-Associés*. Mort, le 19 mai 1794, âgé de 74 ans. Inhumé à l'île d'Aix. — « Excellent religieux, ayant conservé toute la gaieté de la jeunesse. Il chantait pour calmer ses souffrances et faisait les délices de tout le monde. Un matin, dans l'entrepont, ses confrères le trouvèrent à genoux, contre le poteau de son hamac. Après s'être levé, le saint religieux s'était agenouillé pour rendre son âme à Dieu. » (Guillon.) Labiche vante sa gaieté, son esprit d'humilité, de pauvreté et d'obéissance.

**66. LOMBARDIE Jacques**, né le 1ᵉʳ décembre 1737, à Limoges, paroisse Saint-Pierre-du-Queyroix. Curé de Saint-Hilaire-de-Foissac (Corrèze). Insermenté. Arrêté à Limoges, dans sa famille, après un an de réclusion à la Règle, fut déporté le 16 avril 1794. Embarqué sur les *Deux-Associés*. Mort le 22 juillet 1794, âgé de 57 ans. Inhumé à l'île d'Aix. — « Décharné, n'ayant que la peau collée sur les os, tel Lazare sortant du tombeau, il souriait à tous ceux qui l'approchaient, et les saintes pensées qu'on lui exprimait étaient accueillies par lui avec une satisfaction visible, tant elles correspondaient à celles qu'il nourrissait dans son âme. » (Labiche.)

**67. LUCHET DE LA MOTHE Michel-Dominique.** D'une famille de 14 enfants, dont 4 se firent Jésuites. Né à Saintes, le 4 août 1734. Jésuite, puis chanoine et vicaire général de Saintes. Refusa tout serment. Emprisonné dans les dernières semaines de 1793, déporté en mars 1794. Embarqué sur les *Deux-Associés*. Mort le 20 août 1794, âgé de 60 ans. Inhumé à l'île d'Aix — « Ecclésiastique très respectable par ses vertus et très recherché dans la société pour la bonté de son cœur, la douceur et l'aménité de son caractère. » (Labiche.)

**68. MARCHAND (Le) Michel-Bernard,** né au Havre, le 28 septembre 1749. Vicaire de Vaurouy (Seine-Inférieure). Dénoncé comme réfractaire par la municipalité de Caudebec, interné à Rouen en avril 1793, déporté le 12 mars 1794. Embarqué sur les *Deux-Associés*. Mort le 15 juillet 1794, âgé de 44 ans. Inhumé à l'île d'Aix. — « Rendit beaucoup de services spirituels aux malades et mourut en paix, emportant la reconnaissance et les regrets de ses confrères. » (Labiche.)

**69. MARCHANDON Joseph,** né à Bénévent (Creuse), le 21 août 1745. Sulpicien, puis curé de Marsac. Insermenté. Emprisonné à Guéret en avril 1793. Déporté le 23 mars 1794. Embarqué sur les *Deux-Associés*. Mort le 22 septembre 1794, âgé de 49 ans. Inhumé à l'île Madame. — « Prêtre d'une grande régularité de vie, d'une grande délicatesse de conscience, il mourut en pleine connaissance et dans de grands sentiments de piété. » (Labiche.)

**70. MASLEAU Michel,** né le 8 septembre 1739 à Limoges, paroisse Saint-Pierre-du-Queyroix.

Chanoine de Saint-Martial. Prêta le serment Liberté-Egalité, qu'il rétracta peu après. Enfermé à la Règle. Déporté le 29 mars 1794. Embarqué sur les *Deux-Associés*. Mort, le 17 juillet 1794, âgé de 55 ans. Inhumé à l'île d'Aix. — « Un bon cœur, beaucoup de religion et de régularité formaient le caractère de ce digne prêtre. Il avait failli mourir une première fois et n'avait réchappé que par miracle. Une rechute l'emporta. » (Labiche.)

**71. MAYAUDON Pierre**, né à Terrasson (Dordogne), le 4 mai 1739. Chanoine de Saint-Brieuc, puis doyen de la cathédrale de Soissons. Insermenté. Arrêté à Terrasson, interné à Périgueux, déporté sur les *Deux-Associés*. Mort, le 11 septembre 1794, âgé de 55 ans. Inhumé à l'île Madame. — « Le fond de son caractère était la douceur, la bonté, la modestie, l'affabilité. Il mourut comme un saint et fut universellement regretté. » (Labiche.)

**72. MEILHAC Jean-Baptiste**, né le 16 septembre 1734, à Eymoutiers (Haute-Vienne). Chanoine d'Eymoutiers. Insermenté. Arrêté à Eymoutiers, interné à Limoges, déporté le 25 février 1794. Embarqué sur les *Deux-Associés*. Mort, le 17 juillet 1794, âgé de 60 ans. Inhumé à l'île d'Aix. — « Médiocrement instruit, mais plein de piété, de régularité, de fermeté dans la foi. Quitta la vie en prédestiné. Sa mort fut si paisible qu'on ne s'en aperçut même pas, quoiqu'il eût eu de tels accès de fièvre chaude qu'il avait fallu plusieurs fois le lier sur son lit de souffrance. » (Labiche.)

**73. MÉNESTREL Jean-Baptiste**, né le 5 décembre 1748, à Sericourt (Vosges). Chanoine de Remi-

remont. Insermenté. Arrêté le 22 avril 1793,
conduit à Epinal, interné aux Annonciades, puis
expédié à Rochefort, le 18 avril 1794. Embarqué sur le *Washington*. Mort le 16 août 1794,
âgé de 45 ans. Inhumé à l'île d'Aix. — « Les
vers le dévoraient encore vivant. A son jeune
confrère Abram de Zincourt, qui pansait ses
plaies et en détachait les vers avec un morceau
de bois, le vénérable chanoine disait avec douceur : « Laissez-les achever, car, en les
éloignant, vous ne faites que prolonger mon
martyre. » (Guillon.)

**74. MONTJOURNAL** (Pierre Vernoy de), né à
Moulins (Allier), le 17 novembre 1736. Chanoine de Notre-Dame de Moulins. Insermenté.
Enfermé à Sainte-Claire, déporté le 25 novembre 1793. Embarqué sur les *Deux-Associés*.
Mort le 1er juin 1794, âgé de 58 ans. Inhumé
à l'île d'Aix. — « Jouissait de la réputation d'un
saint et passait pour un excellent directeur de
conscience. Dieu lui ménagea cette suprême
épreuve de lui envoyer une maladie pédiculaire.
La vermine semblait naître sous sa peau... Il
fallut le reléguer sous une écoutille et l'isoler,
comme un lépreux, de ses frères, même les plus
infectés de vermine. Sa patience et sa douceur
ne se démentirent jamais dans cette cruelle
épreuve, dont il ne paraissait pas extraordinairement affecté. » (Labiche.)

**75. MOPINOT** Jean, en religion Frère Léon, né
à Reims, paroisse Saint-Jacques, le 12 décembre
1724. Frère des Ecoles chrétiennes à Moulins.
Insermenté. Incarcéré le 11 juin 1793 à Sainte-
Claire, déporté le 3 avril 1794. Embarqué sur
les *Deux-Associés*. Mort le 21 mai 1794, âgé
de 69 ans. Inhumé à l'île d'Aix. — « Il avait la

réputation d'un saint et il la méritait. Il avait conservé dans un âge très avancé toute la candeur et toute la gaieté de la jeunesse. » (Labiche.)

**76.** MOUTET Alexandre, né à Brioude (Haute-Loire), le 12 novembre 1759. Vicaire de Vichy, Insermenté. Déporté de l'Allier. Embarqué sur les *Deux-Associés*. Mort le 28 septembre 1794, âgé de 35 ans. Inhumé à l'île Madame. — « Jeune prêtre encore plus estimable par les qualités de son cœur, par sa tendre piété, son zèle et l'heureux assemblage de toutes les vertus ecclésiastiques que par ses talents naturels et les connaissances qu'il avait acquises. » (Labiche.)

**77.** NOEL Pierre-Michel, né à Pavilly (Seine-Inférieure), le 23 février 1754. Prêtre habitué à Pavilly. Insermenté. Interné à Rouen, déporté le 21 mars 1794. Embarqué sur les *Deux-Associés*. Mort le 5 août 1794, âgé de 40 ans. Inhumé à l'île d'Aix. — « Doté d'une taille majestueuse et de beaucoup de grâce extérieure, il était chéri de tous ses confrères, à cause de l'excellence de son cœur et de l'égalité de son humeur douce et enjouée. Il les édifia par l'héroïsme de ses sentiments et par l'offrande mille fois répétée du sacrifice de sa vie à la cause de Jésus-Christ. » (Labiche.)

**78.** NORMAND François-Nicolas, né à Honfleur, le 4 décembre 1750. Aumônier des Frères des Ecoles chrétiennes à Rouen. Insermenté. Arrêté le 3 avril 1793, incarcéré à Saint-Vivien, déporté sur les *Deux-Associés*. Mort le 26 avril 1794, âgé de 43 ans. Inhumé au Fort Lupin. — « On attribue à l'influence de ses conseils et de ses exemples ce fait que pas un seul Frère des Écoles chrétiennes de Rouen ne consentit à prêter le serment. » (Loth.)

**79. D'OUDINOT DE LA BOISSIERE François**, né le 3 novembre 1746, à Saint-Germain-de-Masseret (Haute-Vienne). Conseiller au Parlement de Bordeaux et de Saint-Germain. Insermenté. Arrêté dans sa famille, conduit à Limoges, interné à la Règle, déporté le 25 février 1794. Embarqué sur les *Deux-Associés*. Mort le 7 septembre 1794, âgé de 48 ans. Inhumé à l'île Madame. — « Doux, affable, complaisant même pour ses persécuteurs, jusqu'à se faire le tailleur d'habit des gens de l'équipage. Il exerçait aussi le pénible emploi d'infirmier. A un confrère qui lui faisait espérer sa guérison il répliqua : « De quoi me parlez-vous ? Croyez-vous que je tienne à cette vie ? Ah! parlez-moi plutôt de la vie future et de la possesion de Dieu! » (Labiche.)

**80. PAIGNON DE CHANTEGREAUD Joseph**, né à Saint-Yrieix, le 14 juin 1755. Chanoine de Saint-Yrieix. Insermenté. Emprisonné à Limoges, déporté le 25 février 1794. Embarqué sur les *Deux-Associés*, puis sur l'*Indien*. Mort, le 10 janvier 1795, âgé de 40 ans. Inhumé au Fort-Vaseux. — « Aussi zélé pour affermir ses frères dans la foi qu'il y était lui-même. Se voyant sur le point de mourir, il avait demandé avec la plus grande instance une formule particulière d'acte d'amour de Dieu qu'il avait entendu prononcer par un de ses confrères. » (Labiche.)

**81. PAPON Philippe**, né à Saint-Pourçain (Allier) le 6 octobre 1744. Curé de Contigny (Allier). Jura avec restriction. Fut dénoncé comme un dangereux fanatique, arrêté le jour de Pâques, interné à Moulins, déporté le 28 novembre 1793. Embarqué sur les *Deux-Associés*. Mort, le 10 juin 1794, âgé de 49 ans. Inhumé à l'île d'Aix. — « Il avait réussi à soustraire à toutes les fouilles des hosties consacrées, qu'il portait sur sa poitrine et qui permirent de communier en viatique presque tous les mourants de ce vaisseau. » (D'Auribeau.) Mᵍʳ de La Romagère dit avoir reçu la communion des mains de l'abbé Papon et l'avoir communié à son tour à ses derniers moments.

**82. PARELON DU MARROY Jacques-Barthélemy,** né à Bénévent (Creuse), le 26 juillet 1766. Prêtre habitué dans sa ville natale. Insermenté. Fut arrêté, comme son frère Sylvain-François, incarcéré à Guéret, déporté le 25 mars 1794. Embarqué sur les *Deux-Associés,* pendant que son frère l'était sur le *Washington,* il mourut le 14 juillet 1794 (son frère seulement le 29 janvier 1795), âgé de 28 ans, il fut inhumé à l'île d'Aix. — « Averti d'avoir à se préparer à la mort, il répondit simplement : « Je ne la crains » pas, il y a longtemps que je m'y prépare. » Il expira si paisiblement que ceux qui étaient couchés près de lui ne s'en aperçurent pas. » (Labiche.)

**83. PERGAUD Gabriel,** né à Saint-Priest-la-Plaine (Creuse), le 29 octobre 1752. Chanoine régulier de Sainte-Geneviève, prieur de Beaulieu (Côtes-du-Nord). Insermenté. Arrêté en décembre 1793, conduit à Saint-Brieuc, déporté en mars 1794. Embarqué sur les *Deux-Associés.* Mort le 21 juillet 1794, âgé de 41 ans. Inhumé à l'île d'Aix. — Labiche vante sa fermeté de caractère et assure qu'il conserva sa lucidité jusqu'au bout de sa longue agonie, s'associant aux actes de préparation à la mort qu'un confrère lui suggérait.

**84. PÉTINIAUD DE JOURNIAC Raymond**, né le 3 janvier 1747, à Limoges, paroisse Saint-Pierre-du-Queyroix. Chanoine de la cathédrale et vicaire général. Insermenté. Arrêté à Riom, par les autorités du Puy-de-Dôme, qui l'envoyèrent à Limoges le 8 mars 1794. Déporté le 29 mars sur les *Deux-Associés*. Mort le 26 juin 1794, âgé de 47 ans. Inhumé à l'île d'Aix. — « C'était la plus belle âme que j'aie vue de ma vie. On ne peut imaginer plus de douceur, d'aménité, de charité, de piété tendre... Il exprimait dans toute sa conduite et jusque dans son extérieur l'idée qu'on se forme de saint François de Sales... Que de bien ne fit-il pas sur les vaisseaux, et que de prêtres infidèles lui durent leur retour sincère aux vrais principes!... Quand le Chartreux Béguignot lui annonça que sa dernière heure était proche : « L'heureuse » nouvelle! » s'écria-t-il, et il épancha son âme en un discours admirable... Il mourut avec une patience héroïque, couvert de plaies, rongé de vermine, en prononçant ces mots du psaume IV : « *In pace in idipsum dormiam et requiescam.* » Dom Béguignot ne cessait de louer Dieu de lui avoir accordé la faveur « d'assister un saint » à la mort ». (Labiche.)

**85. PÉTINIAUD DU GARRAUD Jacques-François**, frère du précédent. Né le 12 septembre 1752, à Limoges, paroisse Saint-Pierre-du-Queyroix. Chanoine de la cathédrale. Fit le serment de Liberté-Egalité, qu'il rétracta étant à la Règle. Déporté comme réfractaire, le 29 mars 1794. Embarqué sur les *Deux-Associés*. Mort le

17 août 1794, âgé de 42 ans. Inhumé à l'île d'Aix. — « Doué d'une mémoire extraordinaire. Extrêmement dur à lui-même. Il avait toujours eu des mœurs angéliques... Sur le vaisseau, il passait des journées entières à prier, se retirant, pour être plus tranquille, dans l'entrepont, avec le chanoine Varagne, son ami. » (Labiche.)

**86. PETIT Auguste-Théobald**, né le 28 août 1764, à Arnac-la-Poste (Haute-Vienne). Prêtre communaliste à Arnac. Insermenté. Arrêté, conduit à Limoges le 1" mai 1793, déporté le 25 février 1794. Embarqué sur les *Deux-Associés*. Mort le 6 octobre 1794, âgé de 30 ans. Inhumé à l'île Madame. — « Jeune ecclésiastique plein de zèle et de piété, apte à devenir un excellent directeur d'âmes. On le trouva une fois dormant sur le corps d'un confrère décédé et une autre fois sur celui d'un confrère mourant, dont il humait l'haleine empestée. » (Labiche.)

**87. RAVETTE Jacques**, né le 15 mars 1758, à Servaville, près de Rouen. Chanoine de Rouen. Arrêté comme prêtre réfractaire, interné à Saint-Vivien, déporté. Embarqué sur les *Deux-Associés*. Mort, le 26 août 1794, âgé de 36 ans. Inhumé à l'île Madame.

**88. RAVETTE Joseph**, né le 18 janvier 1764, à Servaville, près de Rouen. Chanoine de Rouen. Arrêté comme prêtre réfractaire, interné à Saint-Vivien, déporté. Embarqué sur les *Deux-Associés* Mort, le 26 août 1794, âgé de 30 ans. Inhumé à l'île Madame. — « Ces deux frères, qui s'aimaient tendrement, après s'être rendu de mutuels services au cours de leur maladie, moururent dans les bras l'un de l'autre, le plus

jeune un quart d'heure après son aîné. »
(Labiche.)

**89.** RENÉ Georges, né à Vézelay (Yonne) le
16 novembre 1748. Chanoine de Vézelay. Insermenté. Incarcéré à Auxerre, déporté le 28 avril
1794. Embarqué sur le *Bonhomme-Richard*, puis
sur le *Washington*. Mort le 2 octobre 1794, âgé
de 46 ans. Inhumé à l'île Madame. — « Homme
instruit, d'éducation soignée. Mourut dans les
sentiments du plus pur catholicisme et de la
plus haute piété. » (Soudais.)

**90.** RETOURET Jacques, né le 15 septembre 1746,
à Limoges, paroisse Saint-Pierre-du-Queyroix.
Grand Carme. Fit le serment de Liberté-Égalité,
puis le rétracta, étant à la Règle. Déporté
comme réfractaire, le 29 mars 1794. Embarqué
sur les *Deux-Associés*. Mort le 26 août 1794,
âgé de 48 ans. Inhumé à l'île Madame. —
« Modeste et fervent religieux, de mœurs très
pures et d'une édifiante régularité. Prêchant
avec onction, mais prêchant surtout d'exemple.
Insuffisamment vêtu sur le vaisseau, il ne vit
arriver la mort qu'après de longues souffrances. » (Labiche.)

**91.** RHEM Thomas-Jean-Georges (P. Thomas),
Dominicain. Né le 21 avril 1752, à Katzen-
thal près Colmar. Religieux au couvent de
Schlestadt (Alsace). Insermenté. Arrêté à
Nancy le 8 juin 1793, déporté sur les *Deux-
Associés*. Mort le 11 août 1794, âgé de 42 ans.
Inhumé à l'île d'Aix. — « Jouissait de la réputation d'un saint. Soutenait les courages par
des discours animés de la foi la plus vive et de
la charité la plus ardente. Avait une grande
dévotion à la Très Sainte Vierge. » (Labiche.)

**92. RICHARD Claude**, né à Lérouville (Meuse), le 19 mai 1741. Bénédictin de Nancy. Arrêté, comme réfractaire, le 26 novembre 1793, enfermé aux Tiercelins, déporté. Embarqué sur les *Deux-Associés*. Mort le 9 août 1794, âgé de 53 ans. Inhumé à l'île d'Aix. — « Ce pieux enfant de saint Benoît était la douceur et la bonté personnifiées... Infirmier volontaire, il s'acquitta de ce périlleux emploi avec beaucoup de succès, parce qu'il avait le don de s'insinuer dans les cœurs. Eut une longue et douloureuse agonie. » (Labiche.)

**93. ROULHAC Antoine**, né à La Genétouze, canton de Saint-Léonard (Haute-Vienne), le 25 septembre 1760. Chanoine de Saint-Martial de Limoges. Fit le serment de Liberté-Egalité, qu'il rétracta étant à la Règle. Déporté comme réfractaire, le 29 mars 1794. Embarqué sur les *Deux-Associés*. Fusillé par le jury du bord, le 3 mai 1794, à l'âge de 33 ans, pour un propos qu'il n'avait pas tenu. Inhumé à l'île d'Aix. — Sa mort fut on ne peut plus édifiante. Il la subit avec courage, en protestant de son innocence et après avoir pardonné à ses bourreaux. Toutes les relations insistent sur ce point qu'il fut exécuté sans l'ombre de justice et parce qu'on voulait, par un exemple, semer l'épouvante parmi les déportés.

**94. ROUVERADE (Léonard de La)**, né le 19 septembre 1738, à Badefols-d'Ans (Dordogne). Chanoine de Limoges et de Périgueux. Insermenté. Arrêté comme réfractaire, le 17 mars 1793, interné à la Règle, déporté le 25 février 1794. Embarqué sur les *Deux-Associés*. Mort, le 16 juillet 1794, âgé de 55 ans. Inhumé à l'île d'Aix. — « Sa science théologique, sa prudence et sa régularité l'avaient fait choisir comme prédicateur de retraites ecclésiastiques. Sa bonté de cœur et son obligeance le faisaient rechercher. Il mourut des suites d'une chute horrible qu'il fit dans la cale du vaisseau. » (Labiche.)

**95. SAUVAGE François,** né à Saint-Léonard (Haute-Vienne), le 17 juin 1742. Chanoine de sa ville natale. Insermenté. Arrêté en 1793, emprisonné à la Règle, déporté le 25 février 1794. Embarqué sur les *Deux-Associés*. Mort, le 7 juillet 1794, âgé de 52 ans. Inhumé à l'île d'Aix. — « A une vive sensibilité, il joignait de l'esprit, des talents et de la piété. Il avouait avec un sentiment de sainte reconnaissance que le Seigneur l'avait attiré à lui, depuis quelques années, d'une manière toute particulière. Il souffrit beaucoup dans sa dernière maladie. » (Labiche.)

**96. SAVOURET Nicolas,** Cordelier, né à Jonvelle (Haute-Saône), le 27 février 1733. Docteur en Sorbonne, directeur des religieuses de Sainte-Claire de Moulins. Insermenté. Déporté le 28 novembre 1793. Embarqué sur les *Deux-Associés*. Mort, le 16 juillet 1794, âgé de 61 ans. Inhumé à l'île d'Aix. — « Religieux pieux et éclairé. Sa conversation était instructive et édifiante. Il avait désiré être administré le jour de la Saint-Bonaventure, mais on fut bien inspiré de devancer de quelques jours, car il aurait été hors d'état, le 14 juillet, d'apporter à cette sainte action la présence d'esprit et la préparation qu'il y mit. » (Labiche.)

**97. SOLHIER Léonard, dit P. Zacharie,** prêtre, religieux Récollet. Né à Périgueux, le 29 octobre 1746. Gardien de la maison de Guéret. Insermenté. Arrêté à Périgueux le 22 novembre 1793, déporté comme réfractaire. Embarqué sur les *Deux-Associés*. Mort, le 25 juillet 1794, âgé de 47 ans. Inhumé à l'île d'Aix. — Labiche fait de lui un grand éloge, vante sa piété, son zèle pour les principes, ses succès comme directeur de conscience. Sa mort fut presque subite et eut le caractère d'une attaque d'apoplexie.

**98. SOUZY Jean-Baptiste-Étienne,** né à La Rochelle, paroisse Notre-Dame, le 24 mars 1732. Chanoine et vicaire général de La Rochelle. Vicaire général de la déportation. Insermenté. Arrêté à Beauvoir, conduit à Niort, puis à Saintes, et là, déporté, le 24 décembre 1793. Embarqué sur les *Deux-Associés*. Mort, le 27 août 1794, âgé de 62 ans. Inhumé à l'île Madame. — Labiche en fait le plus grand éloge : fort instruit dans toutes les sciences ecclésiastiques, directeur très recherché, prédicateur éminent de stations et de retraites ecclésiastiques, homme de confiance de M⁊ de Coucy, il « jouissait sur le vaisseau d'une réputation prodigieuse et y fit tout le bien qu'il pouvait, avant de terminer sa pénible et glorieuse carrière ». M⁊ de La Romagère raconte comment, avant de mourir, il rassembla tous les vicaires généraux pour leur transmettre les pouvoirs qu'il avait reçus de son évêque.

**99. TABARAUD Mathurin,** né le 9 octobre 1734, à Limoges, paroisse Saint-Pierre-du-Queyroix. Prêtre communaliste de cette paroisse. Insermenté. Arrêté, en avril 1793, enfermé à la Règle, déporté le 29 mars 1794. Embarqué sur les *Deux-Associés*. Mort le 3 août 1794, âgé de 60 ans. Inhumé à l'île d'Aix. — « Prêtre vertueux et modeste, employant son zèle à l'ornementation de l'église, à la perfection du chant et des cérémonies. » (Labiche.)

**100. TABOUILLOT Nicolas**, né à Bar-le-Duc, le 16 février 1745. Curé de Méligny-le-Grand (Meuse). Jura avec restriction. Arrêté, emprisonné à Bar, comme prêtre réfractaire, déporté le 16 avril 1794. Embarqué sur les *Deux-Associés*. Mort à l'hôpital Saint-Charles, le 23 février 1795, âgé de 49 ans. Inhumé à Rochefort. — « Ayant demandé à boire à M. Brigeat, grand doyen d'Avranches, qui le servait, et celui-ci lui ayant répondu qu'il n'avait ni tisane ni bouillon à lui donner : « Ah ! répliqua Tabouillot, il est bien juste que j'endure cette privation, puisque mon Sauveur a été abreuvé de fiel et de vinaigre ! » (Bottin.)

**101. TEXANDIER Jacques**, né le 17 mars 1747, à Limoges, paroisse Saint-Pierre-du-Queyroix. Chanoine de la cathédrale. Insermenté. Arrêté en 1793, enfermé à la Règle, déporté le 25 février 1794. Embarqué sur les *Deux-Associés*. Mort le 25 août 1794, âgé de 47 ans. Inhumé à l'île Madame. — « Il avait la douceur en partage, et sa vertu, comme son esprit, le rendait très aimable en société. A bord, il écrivit le nécrologe de ses confrères. » (Labiche.)

**102. TIERSOT Lazare**, Chartreux, né le 29 mars 1739, à Semur (Côte-d'Or). Profès à la Chartreuse de Beaune-en-Châtillon. Insermenté. Interné au Séminaire d'Auxerre, déporté le 28 avril 1794. Embarqué sur le *Bonhomme-Richard*, puis sur le *Washington*. Mort le 10 août 1794, âgé de 55 ans. Inhumé à l'île d'Aix. — « Homme précieux, dont la présence suffisait pour nous encourager et nous soutenir. La douceur de son caractère, sa modestie, son humilité, sa piété tendre le faisaient aimer de tout le monde. Ceux qui arrivaient et ne le connaissaient pas nous demandaient, en le voyant : « Qui est donc celui-là ? » et sans attendre notre réponse, ils ajoutaient : « C'est un saint ! » (Soudais.)

Au succès de cette Cause sont intéressés, à titre de lieu de naissance ou de résidence, 38 diocèses et 15 Instituts religieux. La répartition par diocèses et par Instituts se fait de la façon suivante :

Amiens, 2 ; Angoulême, 2 ; Arras, 1 ; Autun, 3 ; Bayeux, 2 ; Besançon, 3 ; Bordeaux, 1 ; Bourges, 3 ; Cahors, 1 ; Carcassonne, 1 ; Chartres, 2 ; Coutances, 1 ; Dijon, 2 ; La Rochelle, 3 ; Laval, 1 ; Le Puy, 1 ; Limoges, 36 ; Lyon, 1 ; Marseille, 1 ; Metz, 1 ; Moulins, 21 ; Nancy, 9 ; Orléans, 1 ; Paris, 2 ; Périgueux, 6 ; Reims, 1 ; Rouen, 10 ; Saint-Brieuc, 3 ; Saint-Dié, 2 ; Saint-Flour, 3 ; Séez, 1 ; Sens, 7 ; Soissons, 1 ; Strasbourg, 1 ; Tours, 1 ; Tulle, 1 ; Verdun, 5.

Bénédictins, 4 ; Capucins, 3 ; Carmes, 5 ; Chanoines réguliers de Sainte-Geneviève, 1 ; Chartreux, 2 ; Clunistes, 1 ; Cordeliers, 2 ; Dominicains, 1 ; Eudistes, 1 ; Frères des Écoles chrétiennes, 3 ; Jésuites, 3 ; Récollets, 2 ; Sulpiciens, 4 ; Trappistes, 3 ; Tiercelins, 1.

Au point de vue des ordres reçus, on compte 96 prêtres, 1 diacre, 1 clerc tonsuré et 4 religieux laïcs.

Au point de vue situation hiérarchique : 9 vicaires généraux ; 41 chanoines titulaires ; 3 supé-

rieurs de Séminaires ou de Collèges; 3 prieurs
claustraux; 1 secrétaire général; 14 curés; 3 vicaires; 1 aumônier; 1 missionnaire diocésain; 5 prêtres habitués; 1 clerc organiste;
20 religieux.

Enfin, la répartition entre les deux clergés
séculier et régulier se fait ainsi : 66 séculiers et
36 réguliers.

Aux 102 noms retenus par la postulation,
sur un ensemble de 542 ecclésiastiques morts
sur les pontons de la Charente, il convient de
joindre ceux des 6 prêtres déportés massacrés
à La Rochelle avant d'être parvenus au terme
de leur douloureux voyage.

Ces six prêtres feront l'objet d'un procès
distinct et complémentaire du premier, dont
l'initiative revient, comme de juste, au diocèse
de La Rochelle.

Les quatre premiers étaient curés dans la
région des Deux-Sèvres dépendant alors du
diocèse de La Rochelle, aujourd'hui rattachée
à celui de Poitiers.

Ce sont :

1. AUGEARD Michel-Jean-Marie, curé de Noirlieu.

2. CORNUAULT Charles, curé de Noireterre.

3. HULÉ Louis, curé de Largeasse.

4. VIOLLEAU Christophe, curé de La Chapelle-
Gaudin.

Tous quatre arrêtés comme réfractaires par
le district de Bressuire, incarcérés à Niort,
déportés et envoyés à La Rochelle.

On venait d'apprendre, à La Rochelle, la
complète déroute des bataillons rochellois,

commandés par le général Marcé, à Pont-Charrand. Il fallait sauver le général, dont l'impéritie avait été notoire. On ne trouva rien de mieux que de livrer à une populace exaspérée les quatre prêtres vendéens. Le jeudi 21 mars 1793, vers midi, ils furent tirés de prison et accompagnés jusqu'à l'embarcadère pour l'île d'Oléron par une meute hurlante, qui les accula à la tour de la Chaîne, les égorgea, puis, les ayant dépecés, promena ces sanglants trophées à travers la ville.

Le lendemain 22, les mêmes scènes de carnage se renouvelèrent. Deux autres prêtres vendéens, MM.

**5. DAUCHE Jacques**, originaire du diocèse de Coutances;

**6. VERGÉ André**, originaire du diocèse de Nantes.

Tous deux religieux de la Compagnie de Marie et missionnaires à Saint-Laurent-sur-Sèvre, arrivant de Saint-Martin-de-Ré, furent attendus au débarcadère par les mêmes émeutiers, assassinés et dépecés avec le même luxe de barbarie que le jour précédent.

La municipalité complice laissa faire. Les émeutiers, déférés pour la forme au tribunal de Saintes, furent absous, « les meurtres de prêtres ne pouvant, vu les circonstances, être qualifiés crimes, mais étant simplement des faits relatifs à la Révolution ».

# TABLE DES MATIÈRES




1929. — 798-28. — Imprimerie Maison de la Bonne Presse, 5, rue Bayard, Paris-8°

# DE LA MÊME BIBLIOTHÈQUE

*(Aux mêmes prix.)*

Saint Jean-Marie-Baptiste Vianney, *Curé d'Ars,* par l'abbé FRANCIS TROCHU.

Sainte Germaine Cousin, par FRANÇOIS VEUILLOT.

Saint Irénée, par l'abbé L. CRISTIANI.

Saint Samson, *apôtre de la Bretagne,* par l'abbé COURTOIS.

Marguerite Sinclair, par M. FAVIER.

Saint François d'Assise, par PAUL MILET. *(En réimpression.)*

*Les textes suivants peuvent servir de livrets pour conférences avec projections lumineuses.*

Sainte Thérèse de l'Enfant-Jésus, par MERTIN.

La vie et les œuvres de la vénérable Anne-Marie Javouhey.

La bienheureuse Bernadette Soubirous, par PAUL CASTEL.

Histoire de l'Eglise *(en six conférences),* par JEAN CŒUR.

MAISON DE LA BONNE PRESSE, 5, RUE BAYARD, PARIS